사이렌과 비상구

사이렌과 비상구

학교는 모르는 몸과 마음들

오유신 지음

이매진

[이매진의 시선 21]

사이렌과 비상구
학교는 모르는 몸과 마음들

초판 1쇄 2024년 3월 22일
지은이 오유신
펴낸곳 이매진 **펴낸이** 정철수
등록 2003년 5월 14일 제313-2003-0183호
전화 02-3141-1917 **팩스** 02-3141-0917
이메일 imaginepub@naver.com
블로그 blog.naver.com/imaginepub
인스타그램 @imagine_publish
ISBN 979-11-5531-145-5 (03300)

• 환경을 생각해 친환경 용지로 만들고 콩기름 잉크로 찍었습니다.

일러두기

- 본문에 나오는 이름은 대부분 가명입니다. 개인 신상이 드러날 수 있는 사항도 때에 따라 바꿨습니다.
- 이야기를 생생하게 전달하고 싶어 입말을 되도록 살렸습니다. 맞춤법에 어긋나거나 어색한 부분도 그대로 뒀고, 인터뷰 안에 들어 있는 괄호와 따옴표는 지은이가 넣었습니다.
- 단행본, 신문, 정기 간행물 등은 겹화살괄호(《 》)를, 논문, 연극, 그림, 음악 등에는 홑화살괄호(〈 〉)를 썼습니다.

지금 이 순간에도 남들은 모르는 둘만의 밀실에서

미칠 것 같은 상황을 살고 있는 이들이 있다.

이 밀실에 비상구를 만들어야 하고,

그 비상구 밖에 누군가 서 있어야 한다.

— 전희경, 〈'보호자'라는 자리〉, 《새벽 세 시의 몸들에게》 봄날의책, 2017

프롤로그

사람들이 모르는 이야기를 쓰고 싶었다. 사람들이 모든 것을 알아야 한다는 이야기는 아니다. 사람들이 모르는 사람들과 이야기들. 있다고 이야기되지 않는, 이야기로 여겨지지 않는 이야기가 있다. 누구나 결핍, 슬픔, 상실, 어려움을 겪을 수는 있다. 그렇지만 어떤 아픔과 어려움은 결정적이다. 내 잘못이 아닌데도 나를 힘들게 하고 나를 계속 같은 곳으로 몰고 가는 것들이 있다. 각자 삶에서 지울 수 없고 지워지지 않는 경험이 들려주는 이야기를 듣고 싶었다. 남들하고는 다른 경험, 다른 삶, 다른 몸의 이야기가 궁금했다. 나는 인터뷰를 시작했다.

여러 사람을 만났다. 아픈 사람도 있고, 지방에 사는 사람도 있고, 장애가 있는 사람을 돌보는 사람도 있다. 정체성을 고민한 사람도, 불의에 맞선 사람도 있다. 일상적인 돌봄에 지친 사람도, 폭력 피해자가 회복할 수 있게 애쓴 사람도 만났다. 도저히 한 문장으로 묶을 수 없는 사람들을 묶을 수 있는 공통점은 '낯설다'는 점이다. 더 정확히 표현하면, 세상은 이 사람들의 경험과 삶을 파악하지 못한다. 인터뷰 참여자들을 만나기 전 많은 예상을 했다. 예상은 자주 빗나갔다. 내 예상과 지식은 위태로웠다. 삶이란 전형적이지 않았다. 나는 예상하기 어렵고 예상을 비웃는 삶의 복잡한 맥락을 전하고 싶었다.

이 책은 어떤 면에서는 내 이야기다. 인터뷰 참여자에게 한 질문은 내가 듣고 싶거나 내가 해명하고 싶은 질문들에 연결돼 있다. 나는 초등학생 때 왕따를 당했다. 중학생 때는 괴롭힘을 당했고, 고등학생 시절에는 폭력을 겪었다. 신고하지 못했고, 문제 삼지 못했다. 단돈 천 원이 없어서 따귀를 맞았다. 그때 나는 가난한 조부모 밑에서 버스비만 받고 학교에 다녔다. 폭력은 익숙해지지 않았다. 나를 괴롭힌 사람들의 표정과 이름을 잊지 못했다. 부모는 내가 중학생 때 이혼했다. 두 사람 사이에 벌어진 불화가 내 불안의 근원이라고 생각한다. 각자 필요한 사람을 만났다. 엄마와 엄마 애인의 집에서 잠시 살기도 하고 아빠와 아빠 애인의 집에서 잠시 살기도 했지만, 결국 나는 충청남도 보령시에 사는 조부모에게 맡겨졌다.

내 성장 과정이 방임과 유기의 경험이라는 사실을 나중에 깨달았다. 엄마하고 연락을 끊은 지 몇 년은 됐고, 아빠하고는 절연했다. 나와 조부모는 생활 보호 대상자였고, 고등학교에서는 가루우유 비슷한 음식을 줬다. 고등학교 교사들이 주는 연구용 문제집(답을 적어놓은 문제집)을 받아 답을 가리고 문제를 풀었다. 대학도 수급자 전형

(기회균형 특별전형)으로 들어갔고, 장학금도 받았다. 고행 끝에 교사가 됐다. 누린 것이 없지는 않았다. 아버지는 현재 직장암에 걸려 장루 주머니를 달고 다닌다고 한참 뒤에 들었다. 연락을 끊기 전 어머니는 서울의 어느 지하철역에서 청소 노동을 하고 있었다. 그전에는 소규모 재봉틀 공장에서 일했다. 어머니는 디스크(척추 원반 탈출증)가 있고, 나도 허리와 무릎이 좋지 않다. 군대라는 동성 사회는 끔찍했다. 만연한 음담패설 속에서 억울함을 주체하지 못하는 나를 포함한 병사들이 드러내는 분노를 자주 목격했다.

(학교) 폭력, 빈곤, 불안, 가족, 이혼, 지방(서울 집중 문제), 교육, 복지, 장애, 질병, 건강, 노동, 젠더, 돌봄, 군사주의……. 이 세계를 설명할 수 있는 키워드들은 모두 나하고 연결돼 있었다.

내 이야기를 길게 하는 이유는 글쓰기를 시작한 동기 자체가 내 삶에 관련되기 때문이다. 나는 가난하고 못생기고 불안했다. 원가족은 해체되고 학교에서는 폭력을 겪었다. 우울과 불안은 오래 지속되고 있었다. 부모는 아팠고, 일상은 빈곤했다. 왜 나한테 이런 일들이 계속 일어나는지 나는 알 수 없었다. 고난은 나만 겪는 형벌 같았고, 아무도 손을 건네지 않았다. 나는 나를 돌아보고 싶어서

적지 않은 시간 동안 활자를 들여다봤다. 초등학교 교사가 되고 나서 나하고 비슷한 학생을 여럿 만났다. 이 아이들이 어떤 시간을 보낼지 상상할 수는 있었지만, 내가 할 만한 일은 그리 많지 않았다. 텔레비전에는 내 이야기가 없었다. 가끔 다른 사람에게 내 이야기를 털어놓으면 힘든데도 잘 큰 사람이라며 위로받았지만, 사실 나는 잘 크지 않았다.

나는 여전히 아프다. 섣부른 위로를 받기보다는 내 아픔을 이해하고 싶었다. 나는 왜 아픈지, 이 아픔을 어떻게 더 나은 삶을 향한 자원으로 삼을 수 있는지 절박하게 알고 싶었다. 또한 내가 받지 못하고 잘하지 못하는 돌봄의 현실을, 내게 결핍된 엄마라는 단어로 불리지만 단일하지 않은 엄마들의 모습을 알고 싶었다. 내가 학교를 거치며 통과하고 교사로서 다시 연결된 교육 이야기도 궁금했다. 내게 교육은 학교에서 가르치는 일 이상이다. 어린이와 청소년, 학교에서 일하는 사람, 일상적 가르침을 아우르는 개념이다. 알 수 없는 불안과 신체형 장애(신체화 증상)를 지닌 몸이라 들려줄 이야기가 있는 몸들도 만나고 싶었다. 몸은 사회에 이미 연결돼 있다는 생각에 동의하기 때문에 몸의 사회사를 쓰고 싶기도 했다. 내 삶을 이해하겠다는 야망은 내 과거뿐 아니라 내게 연결된 키워드를 찾아 접속하는 일로 이어졌다. 그래서 나는 돌봄, 교육, 몸을 다르게 여행한 사람들을 찾았다. 사이렌을 울리고 비상구가 돼줄 다른 사람들의 좀 다른 말과 삶이 필요하기 때문이었다.

☞ ☞ ☞ ☞ ☞

나는 인터뷰 참여자들이 들려준 이야기를 전하며 다양한 삶의 구체성을 드러내고 싶었다. 다양한 사람들이 있다고 말하는 데 그치지 않고, 이미 있는데 왜 모른 채 살아가는지 묻고 싶었다. 또는 더 많은 사람이 어서 빨리 알아야 한다고 생각한 삶을 담았다. 그래서 인터뷰 참여자가 들려준 목소리를 현장 상황에 되도록 가깝게 기록했다. 맞춤법에 어긋나거나 어색한 부분이 있어도 입말을 거의 그대로 살렸다.

서점에 가면 멋진 인터뷰집이 많다. 인터뷰 참여자는 대개 사진과 이름, 나이를 드러낸다. 이 책은 그렇지 않다. 인터뷰는 공감에 기반한다. 과반수는 익명이고, 생면부지인 사람도 있다. 내 취지에 공감해서 인터뷰에 참여한 이들이다.

듣는 사람에 따라 말하는 내용이 달라진다. 낯선 이에

게 내밀한 이야기를 하기는 쉽지 않다. 인터뷰 참여자들은 내가 이해할 수 있는 말을 애써 고른지도 모른다. 부실한 구석이 눈에 띈다면 오롯이 내 한계일 뿐이다.

인터뷰 참여자를 찾는 데 많은 사람이 도움을 줬다. 인터뷰 참여자, 그리고 기꺼이 다른 사람을 연결해준 사람들 덕분에 이 작업을 끝마쳤다. 연결을 부탁하려고 몇 년 만에 연락한 이도 있었다. 연결되는 과정은 기쁨과 감동의 연속이었다. 나만 이렇게 살지는 않는다는 연결감은 나를 계속 살게 할 수 있을 듯했다. 인터뷰에 참여한 모든 사람이 공저자인 셈이다. 구체적인 감사 인사는 따로 전하려 한다.

인터뷰 참여자는 신상이 드러나지 않게 하려고 사실 관계를 조금씩 바꿨다. 그런데도 주변 사람 이야기 같다면, 누구인지 알아보려 하기보다는 따뜻하게 지지해주기를 바란다. 어디에나 있을지도 모를 사람들이기 때문이다. 인터뷰 참여자가 한 말에 들어 있는 괄호와 따옴표는 내가 넣었다. 말하는 사람이 품은 의도하고 다를 수도 있다는 말을 덧붙인다.

1부

~~~~~~

다인칭 아픔

1장

피해를 말하는 용기

교원 평가 성희롱 피해 교사

죽기를 택하는 것보다 교직을 떠나는 것이 낫다고 생각했다.

서이초등학교 교사 사망 사건 뒤 열린 '50만 교원 총
궐기 추모 집회'(7차 교사 집회)에서 가넷이 한 말이다.
집회 무대에 오른 가넷은 얼마 전까지 고등학교 교사였
다. 학생들하고 함께하는 시간을 좋아하고 수업하는 보람
을 느끼며 살던 가넷은 이제 학교를 떠났다. 더는 교직을
이어갈 수 없었다. 전직 교사 가넷은 그날 자기가 겪은 학
교 성희롱과 그 뒤 이어진 2차 피해를 증언했다.

걸려온 전화

가넷은 전화를 받았다. 세종특별자치시교육청 감사실 주무관이 건 전화였다. 감사실 출석을 요구하는 내용이었다. 가넷은 교원 평가에서 성희롱 피해를 겪었고, 동료 교사들하고 함께 사건을 공론화했다. 공론화 뒤 몇 달 지나 감사를 받으러 나와야 한다는 연락이 왔다.

교사는 해마다 교원 평가를 받는다. 정식 이름은 '교원개발능력평가'다. 학부모와 학생이 교사를 평가한다. 객관식 평가와 서술형 평가가 있다. 온라인에서 익명으로 진행해 교사는 누가 어떤 내용을 쓰는지 알 수 없다. 그렇다고 완전한 익명은 아니다. 개인별로 받은 코드를 입력해야 평가에 참여할 수 있기 때문이다. 가넷은 '자율 서술식 평가'에서 성희롱을 당했다. 자율 서술식 평가는 줄글로 의견을 쓰는 식이다. 한 학생이 노골적인 성희롱 표현을 썼다. 가넷뿐 아니라 다른 동료 교사들에게도 썼다. 피해 사실을 인지한 가넷은 2022년 연말 동료들하고 함께 교원 평가 성희롱 피해를 공론화했다.

성희롱을 인지한 피해 교사로서 가넷은 성희롱 가해 학생을 찾아달라고 요구했다. 학교와 세종시교육청은 그 학생을 찾을 수 없다고 했다.[*] "교원 평가는 익명성을 전제로 한 것이어서 학생들 특정하는 것이 불가능하고 특히 자칫 새로운 가해자가 나올 수 있다."[**] 이런 핑계를 댔지만, 찾을 수는 있었다. 경찰에 의뢰한 덕분이었다. 교사가 자기하고 학생들 사이에 생긴 사건을 경찰에 의뢰하는 일은 유례가 없었다. 교사란 가르치는 사람이라서 학생이 저지른 실수나 흠결을 보듬어야 하기 때문이었다. 그렇지만 성희롱은 실수나 흠결이 아니라 폭력이다. 가넷이 시작한 공론화는 정당한 일이었다.

> 가해자가 학생이고 제자이며 미성년자라는 이유로 제대로 된 처벌과 교육도 기대할 수 없다면, 이 직업에 가졌던 긍지와 사명도 모두 내려놓을 수밖에 없다.

성희롱 사안을 공론화한 인터넷 게시판에 가넷이 쓴 말이다. 가해 학생은 특정됐다. 졸업을 앞둔 고등학교 3학년이었다. 2023년 1월에 졸업 전 퇴학 처분을 받았다. 그런데 처벌받은 가해 학생은 극소수였다. 피해 교사들

~~~~~~~~~

[*] 윤기은, 〈교원 평가 성희롱 학생 '퇴학' … "장난 아닌 '범죄'인식해야"〉, 《경향신문》 2023년 1월 25일.

[**] 장재훈, 〈교원 평가 성희롱 여교사들 정신적 충격 … "가해자 밝혀달라" 수사 의뢰〉, 《에듀프레스》 2022년 12월 5일.

이 그냥 참은 탓이었다. 전국교직원노동조합(전교조)에서 교사 6507명에게 설문한 결과를 보면 교원 평가에서 성희롱, 외모 비하, 욕설, 인격 모독 피해를 경험한 교사 중 98.7퍼센트는 그냥 참고 넘어갔다.

가르치는 사람들이 입는 피해

가넷이 세종시교육청 감사실에 출석하라는 요구를 받은 때는 4월 초다. 며칠 뒤 감사실에 출석한 가넷은 2차 피해를 겪었다.

'공론화에 대한 민원이 들어왔다'라며 '품위 유지 위반' 등 공무원법 위반 사항이 있을 수도 있으니 '앞으로 조심하라'는 위협을 들었습니다. 당당하게 엄포를 놓던 주무관의 태도를 기억합니다. 저는 죽고 싶었습니다. 그리고 동시에 그 누구도 이런 일을 겪어서는 안 된다고, 이 문화가 변화해야 한다고 생각했습니다. 그러나 나 하나의 힘으로 바꿀 수 있을까 무력했습니다.

감사실은 가넷에게 '성희롱 공론화 의도', '전교조 소속 여부', '언론사 접촉 상황' 등을 물었다.[*] 가넷은 휴직 중이었고, 2학기에 복직을 앞두고 있었다. 감사실에 다녀온 뒤 가넷은 교직을 계속 포기하기로 했다. 9월 1일 자로 사직했다.

가진 자원이 많거나 경제적으로 여유로워 결정한 사직이 아니었다. 가넷은 생계를 스스로 꾸리는 1인 가구다. 사직한 뒤에도 구직 활동을 했다. 간호사들은 '응급 사직'이라는 말을 썼다. 더는 일을 할 수 없어서 응급으로 그만둔다는 뜻이었다. 가넷도 그랬다.

가넷이 학교에 사직원을 낸 날은 2023년 7월 19일이었다. 하루 전인 2023년 7월 18일은 서울시 서초구 서이초등학교에서 초등 교사가 스스로 목숨을 끊은 날이었다. 사직원을 낸 날 서이초 선생님 소식을 들은 가넷은 마음이 납덩이처럼 무겁고 아파 숨 쉬기가 힘들었다. 바깥에서 교사를 흔들지만 아무도 지켜주지 않을 때 교사가 어떤 마음인지 이해할 수 있기 때문이었다.

가넷은 또 다른 학교 성폭력 사건을 이야기했다.

~~~~~~~~

[*]   정지혜, 〈세종교육청 '성희롱 피해 교사' 감사 논란〉, 《세계일보》 2023년 4월 12일.

교원 평가 성희롱 사건 이전에, 세종시 관내에서 또 다른 성폭력 사안이 있었습니다. 세종시 관내 남자 고등학교에서 남학생들이 여선생님들 다수를 불법 촬영한 사건이었으며, 언론에 보도된 바 있습니다.

교사는 학생에 견줘 권력이 있다. 그렇지만 젠더에 따라 그 역동은 달라진다. 성인에 가까운 남학생과 성인인 여교사. 겉으로 보면 평가권을 쥔 교사에게 권력이 있지만 늘 그렇지는 않았다. 권력을 거스르는 일도 벌어진다. 성희롱 공론화 계정은 교원 평가 성희롱 피해 교원이 모두 젊은 여성 교사라고 밝혔다.

학교를 '작은 사회'로 부르고 학생을 '교복 입은 시민'으로 부른다. 정확히 말해야 한다. 학교는 작은 사회가 아니라 그냥 사회다. 학생도 시민이다. 학교에서 벌어지는 젠더 폭력은 사회에서 일어나는 젠더 폭력의 일부다. 구체적인 모습이 다양할 뿐이다. 시민인 학생은 잘못을 저지를 때 온당한 책임을 지고 있을까? 촉법소년 연령 하향보다 중요한 의제는 교사와 학생 사이에 벌어지는 문제를 다루는 방식이다. 그냥 참고 넘어가기나 손가락질하기를 넘어서는 이야기를 해야 한다.

몸이 겪는 아픔

가넷은 신호등이 고장 난 보도를 지나왔다. 아무도 빨간 불을 켜지 않았다. 잘못된 일이라고 하는 사람이 없었다. 상처 입은 사람에게는 사회적 지지가 필요한데, 가넷은 아무런 지지를 받지 못했다.

우울증, 불안 증세로 인한 수면 장애와 식이 장애가 찾아와 일상 유지가 어려웠습니다. 잠에 들 수 없거나 잠에 들어도 비정상적으로 일찍 깨어 다시 잠들지 못했습니다. 신경 안정제, 수면제 처방약 없이 잠들지 못하는 나날은 여전히 이어지고 있습니다. …… 비정상적인 식욕 저하로 인해 하루 내내 끼니를 거르다 어지럼증에 운전을 하지 못한 적도 있습니다.

가넷은 운동, 식이 조절, 루틴 만들기, 글쓰기를 하며 자기 자신을 돌봤다. 우울과 무력은 가시지 않았다. 스스로 회복하려 노력했다. 소용없었다. 가넷이 겪는 아픔은 사회적 아픔이 분명했다. 사회적인 해결책이 필요했다. 가넷도 모르지 않았다.

선생님들의 진정한 회복을 위해서는 교육 당국이 현장 목소리에 귀 기울이고 심사숙고하여 현실적인 법안들, 제도들을 정비하고, 사회적 인식과 문화가 뒷받침되어야 할 것입니다. 갑질 문화, 교직을 단순 감정 노동직, 서비스직으로 생각하는 문화와 인식, 공교육을 경시하는 인식 등이 사라져야 더 이상 상처받고 스러지고 교단을 떠나는 교사들이 없을 것입니다.

학교는 배움의 공간이자 노동의 공간이다. 시민으로서 노동하는 교직원이 있다. 교사가 겪는 스트레스와 피해 경험은 얼핏 교권 문제로 해석되지만, 노동권 문제로 이해할 수도 있다. 교사는 권한이 있지만, 경직된 징계와 의도된 송사는 교사를 곧잘 무너트린다. 선생님 똥은 개도 안 먹는다고들 한다. 교사라는 직업은 원래 힘든 일로 취급받으면 안 된다. 그래서 가넷은 자기가 받은 상처에서 사회 변화가 필요한 이유를 읽었다.

다양한 트라우마를 경험한 사람들을 연구한 주디스 허먼이 쓴 《트라우마》는 트라우마를 이해하는 교과서나 마찬가지다. 허먼은 상처받은 사람이 안전감을 회복하려면 끊어진 연결을 복구하는 작업이 필요하다고 말한다. 공동체에 연결돼 있다는 감각이 중요하다.

가넷도 연결을 시작했다. 사직한 뒤 온라인 플랫폼 '얼룩소'에 글을 썼다. 몸이 아픈 교사와 교권 침해 피해를 겪은 교사들을 만나 나눈 대화를 정리해 연재했다. 가넷은 다른 교사와 자기를 연결했다. 가넷이 선택한 회복의 길은 연결이었다. 내가 이 인터뷰를 하기로 마음먹고 처음 만난 사람이 가넷이었다. 가넷은 꼭 출간하기를 바라는 마음을 담아 이야기한다고 말했다. 가넷이 한 말에 용기를 얻어서 나도 연결을 시작하고 글을 쓸 수 있었다.

　연결을 화두로 삼은 가넷이지만 교직을 그만두지 않은 동료들도 많다. 비슷한 피해를 겪고도 공론화하지 못한 교사들에게 해줄 말이 있는지 가넷에게 물었다.

　저는 지난하고 힘든 길이라도 스스로에게, 그리고 더 많은 이들에게 작은 빛이라도, 작은 변화와 물결이라도 될 수 있으니 부디 용기를 가지시라고, 용기를 내어 스스로를 지키시라고, 스스로의 존엄과 가치를 지키시라고, 그러한 일에 교직을 내려놓는 선택까지 감수하더라도 스스로의 삶과 지금뿐인 순간들, 한 번뿐인 생을 더욱 귀하게 여기시라고, 그리고 우리가 한 명 한 명 목소리를 내고 연결될 때 정말 큰 변화가 찾아온다고, 함께 연대할 테니 용기를 내시라고 말씀드리고 싶습니다. 그리고 끼니를 거르지 말고 챙겨 먹고, 스스로를 위한 시간을 보내고, 스스로를 다독이며, 부디 일상을 회복하시라고 말씀드리고 싶습니다. 평안하고 건강하시라는 말씀도요.

2장

유일한 방공호

학교 폭력 피해자 위탁 교육 기관 해맑음센터 선생님

"집에서 전쟁을 치르는 여성에게 감옥은 방공호일 수 있다." 가정 폭력 피해 여성을 지원하는 한국여성의전화에서 낸 책《그 일은 전혀 사소하지 않습니다》에서 본 문장이다. 방공호는 상대적이었다. 가정 폭력 피해 여성에게는 감옥도 방공호일 수 있다. 학교에서 전쟁을 치르는 학생에게도 방공호는 있었다. 해맑음센터가 그곳이다. 해맑음센터는 하나뿐인 학교 폭력 피해 학생 지원 기관이다.

해맑음센터는 충청북도 영동군에 있다. 서울역에서 아이티엑스-새마을 열차를 타고 영동역에 내렸다. 두 시간 정도 걸렸다. 영동역은 시내에 있고 영동군에는 농어촌 버스가 다닌다. 해맑음센터에 가려면 시내에서 물한리로 향하는 농어촌 버스를 타야 한다. 이 버스는 하루 다섯 번 다닌다.

밥을 먹고 버스를 기다렸다. 버스 기다리는 사람이 많았다. 제 시각에 온 농어촌 버스를 타고 해맑음센터로 향했다. 버스는 시골길을 달리며 노근리평화공원을 지났다. 노근리는 한국전쟁 때 미군이 무고한 시민을 학살한 곳이고, 노근리평화공원은 학살 피해자를 기리는 기념물이다.

죽음을 지나 해맑음센터에 도착했다. 영동역에서 해맑음센터까지 약 한 시간이 걸렸다. 어디에서든 오려면 먼 곳이었다. 자녀를 데리고 해맑음센터에 와서는 눈물을 머금고 다시 돌아간 부모도 있었다. 이 해맑음센터에서 석진을 만났다. 석진은 팀장이고, 해맑음센터에서 10년째 근무하는 선생님이다.

대전에서 영동으로

해맑음센터는 원래 영동에 있지 않았다. 2013년부터 대전에 자리한 한 폐교에서 운영하고 있었다. 건물이 낡고 안전 진단에서 'E등급'을 받아 2023년 5월 폐쇄됐다. 해맑음센터에 다니던 학생들은 뿔뿔이 흩어졌다. 대전 해맑음센터에서 열린 마지막 수료식에서 조정실 센터장이 쏟아낸 말은 '피를 토하는 것처럼' 보였다.[*] "피해 학생이 갈 수 있는 시설은 대한민국에 오로지 이거 하나예요. 여기가 문 닫으면 우리 아이들은 어디 가라는 겁니까. 피해자들은 왜 이렇게 계속 피해만 당해야 하나요. 해맑음이 쓰러지지 않도록 도와주세요. 호소합니다. 저 아이들도 학생이고 귀한 우리들 자식입니다." 우여곡절 끝에 2023년 9월 해맑음센터는 영동에 임시 거처를 구해서 다시 문을 열었다.

> 대전에서도 구석에 있는 분교를 리모델링해서 사용했는데, 영동으로 넘어오면서 더 멀어진 거죠. 영동은 케이티엑스도 없고, 영동역에서 또 차를 타고 또 한 시간 들어와야 되고. 들어오는 길이 정말 꼬불꼬불하거든요. 산을 계속 타고 올라오는 길이라, 한 시간이지만 체감적으로는 오래 걸려요.

영동이라서 나쁘다는 말이 아니다. 전국 어디에나 있어야 마땅한 시설이라는 뜻이다. 도시를 중심에 둔 논리

---

[*] 남형도, 〈언진아, 교육부가 우릴 버린 것 같아〉, 《머니투데이》 2023년 5월 27일.

가 아니라 입소해야 하는 피해 학생이 접근하기 어렵다는 이야기다. 서울에서 해맑음센터로 취재 온 기자는 서울에서 영동까지 편도 5시간 30분이 걸린다고 했다.[*] 어렵게 해맑음센터를 알게 돼 상담을 하러 와도 막상 방문하고 나서는 힘들어하는 보호자도 많았다. 석진은 그런 모습이 당황스러웠다.

> 피해 지원 시설이라고는 전국에 하나 있는 기관이, 피해 학생이 왔을 때 제대로 된 치료와 심리 치유를 받아서 학교로 복귀할 수 있겠다는 마음가짐이 들 정도의 시설이라든가 장소가 되어 있어야 하는 게 맞는 거잖아요. 해맑음센터도 도망 오듯이 온 느낌인 거예요. 그래서 안타깝죠.

대전 해맑음센터를 폐쇄한 교육부는 경상북도 구미, 경기도 양평, 충청남도 서산을 대체지로 제시했지만, 이전은 성사되지 않았다. 그렇게 센터는 영동에 왔다. 교육부는 국가 차원에서 학교 폭력 피해자 전문 기관을 설립한다고 밝혔고, 해맑음센터는 잠정적 상태에 머물러 있다.

~~~~~~~~~

[*] 남형도, 〈연진아, 우리 학교는 '왕복 10시간' 걸려〉, 《머니투데이》 2023년 11월 4일.

접근성이 떨어진다는 말은 단순히 학생이 오기 어렵다는 뜻은 아니었다. 영동으로 이전하기로 결정하고 나서 외부 강사가 여럿 그만뒀다. 대전을 기반으로 활동하면 영동까지 오기 어려운 탓이었다. 기초 교과 강사가 필요할 때는 강사들에게 원격 화상 수업(줌 수업)을 부탁했다. 원격 화상 수업도 여의치 못하면 교육방송(EBS) 강의를 듣거나 자격증 있는 해맑음센터 선생님에게 부탁했다. 피해 학생들은 비언어적 소통을 하는 대면 수업이 필요한데, 여건이 안 됐다. 센터 소속 선생님을 구하는 일도 어려웠다. 학생을 직접 맡는 선생님은 여섯 명인데, 영동으로 오면서 세 명이 그만뒀다. 대전에서 영동으로 자리를 옮기는 일은 장소에 관련된 문제만이 아니었다. 교육의 질, 치유의 질, 노동의 질에도 영향을 미쳤다.

학생을 살리는 편향

일 년 연장을 할 수 있는 곳이에요. 아이들마다 달라서 꼭 일 년 있어야 한다 이런 건 아니고, 중간이라도 어느 시점이든 학교에 돌아가고 싶은 마음이 생기거나 용기가 생기면 언제든지 저희가 돌아갈 수 있게 하고요.

해맑음센터는 피해 학생이 학교에 돌아가도록 돕는 곳이다. 마음처럼 늘 성공하지는 못한다. 실패하면 심기일전해서 또 도전한다. 최종적 안착을 목표로 삼는다. 그래서 학교로 돌아간 초기에는 적응 교육 기간을 둔다. 적응에 실패해도 괜찮다. 잘 되면 자연스럽게 수료를 하고 안 돼도 다시 돌아오면 된다고 석진은 말한다. 부드럽게 적응하게 하려고 대개 새 학기와 새 학년이 시작할 때를 복귀 시점으로 잡는다. 학생들도 학기 직전에 학교로 돌아간다고 생각하고 마음을 다잡는다. 해맑음센터에서는 상담도 하고 심리극도 하면서 마음 준비를 돕는다.

학생들은 아무 데도 갈 곳이 없는 상황이거나, 전학을 가고 싶어도 가지 못하거나, 조치가 제대로 이행되지 않거나, 가해 쪽에서 항소를 제기하고 행정 심판을 청구하는 상황처럼 도저히 학교로 돌아갈 수 없을 때 해맑음센터에 오고 싶어한다. 원하는 피해 학생이 모두 입소할 수는 없다. 심의를 거친다. 입소 희망자의 가해 성향이나 품행을 봐야 하기 때문이다. 추가 피해를 방지하려는 장치다. 기숙형 치유 기관이라 함께 자고 함께 먹기 때문에 그럴 수밖에 없었다.

여기는 피해 전담 기관이기 때문에 피해자를 중심으로 항상 수업을 하고 상담도 하고 있어요. 오로지 피해자 학생에게 공감을 해주고, 사안에 대해 '너의 잘못이 아니야', '충분히 이겨낼 수 있어', '한 번 해보자'같이 도전을 할 수 있게 상담을 하는 기관이기 때문에 편안해요.

학교에서는 사실 관계가 명백해도 가해 학생을 비난하기 어렵다. 교사가 어느 한쪽을 편들면 안 되기 때문이다. 민원이 제기될지도 모른다.

해맑음센터는 편향적이다. 편향이 학생을 살린다. 학생들은 해맑음센터에서 기를 폈다. 장구, 난타, 미술 치유, 볼링, 생태 체험, 운동회를 비롯해 여러 가지 외부 체험을 했다. 센터 건물에 들어서니 학생들이 만든 크리스마스트리가 반겼다. 교사와 학생이 함께 사제동행 체험도 가는데, 학생들이 직접 조를 꾸려 여행 계획을 짠다. 예산을 궁리해서 2박 3일 여행도 간다. 학생들은 두드리고, 듣고, 소리 내고, 걷고, 보고, 여행을 다니는데, 자기가 한 일을 바로 체험할 수 있는 프로그램이 많다. 그만큼 효능감을 누리는 계기가 된다. 현장 교사가 볼 때는 교사가 해야 할 몫이 많지만 말이다. 더구나 선생님들은 돌아가며 야간 당직도 선다. 야간에 상담이 필요하거나 증상이 나타나는 학생도 있기 때문이다.

'너무 행복해요, 안 힘들어요'라고 하면 거짓말이고요. 다 인간이기에 아픔도 있고, 그래서 지치시는 분들도 사실은 계세요. 소진되는 분들도 계시고. 다행히 여기 일하러 오시는 분들은 어떠한 소명과 목적을 가지고 오시는 분들이기 때문에.

석진은 요즘은 안 좋게 평가된다는 헌신과 봉사라는 단어를 꺼냈다. 헌신과 봉사는 강요되지만 않는다면 값진 일이다. 해맑음센터 선생님들은 상처받은 사람을 봤고, 실제로 헌신하고 봉사했다. 그래서 헌신과 봉사라는 말이 낡은 단어로 들리지 않았다. 오히려 어떤 미덕보다 윤리적인 가치로 여겨졌다.

피해를 겪은 학생들이 오지만 해맑음센터에서도 갈등은 벌어진다. 퇴교 조항이 있지만 일상적 갈등은 스스로 해결하도록 지원한다. 다툼이나 편 가르기가 눈에 띄면 선생님이 바로 개입한다. 개인 상담도 하지만 집단 상담도 빠트리지 않는다.

일주일에 한 번은 집단 상담을 꼭 하거든요. 집단 상담을 통해서 실제로 '이런 게 기분이 나빴어', '이런 게 속상했어' 이야기해서 푸는 과정도 갖고요. 자치회의를 해서 싫은 행동들이나 지켜야 할 것들에 대해 같이 공동체적인 규칙을 만들기도 하고요.

남학생과 여학생이 섞여 있고 나이도 다 다르다. 형, 언니, 누나, 동생이 함께 지낸다. 친하게 지내다가도 어쩔 수 없이 갈등이 생긴다. 일단 벌어진 갈등을 현명하게 협상하는 일이 중요하다. 해맑음센터는 학생들이 문제 상황을 스스로 협상할 수 있도록 개입하고 지원했다.

폭력과 피해

피해자끼리 모이는 일은 의미가 있다. 피해자는 자기만 피해를 겪는다고 상상하기 쉽기 때문에, 피해자가 여럿 모이는 사건은 근본적으로 다른 경험이다.

친해지게 되고 친해지는 과정은 굉장히 빨라요. 같이 먹고 자고 하다 보면 학교에서 보는 것보다 더 빠르게 아이들이 친해지거든요. 그렇게 되면 피해 이야기가 절대 안 나올 거 같잖아요? 자기 이야기를 잘 안 할 거 같은데, 분위기가 누군가가 이런 이야기를 꺼내기 시작하면 정말 우후죽순처럼 번져요. 배틀처럼. 서로 궁금해해요. 얘네들도 올 때 여기가 피해 기관이라는 걸 알고 오잖아요. 누군가 처음 왔을 때 쟤도 어떤 피해를 받고 왔겠구나, 얘도 그런 피해를 입었구나 동질감도 느끼고, 나는 그때 이렇게 대처했어, 이렇게 해봤어 그러면서 자기들만의 방법적인 것을 나누는 시기도 있고요.

피해를 말하는 일은 경험을 말하는 일이 아니라 자기를 꺼내는 일이다. 꺼낼 수 있는 곳이라는 확신, 꺼내도 안전하다는 확신이 피해 학생들에게 있었다. 조기현이 쓴 《새파란 돌봄》을 읽다가 '생존자 발견'이라는 말을 발견했다. 같은 느낌이라 짐작한다. 그렇지만 가해와 가해자에 관한 이야기도 해야 한다. 학교 폭력 피해자를 지원하면서 가해 양상을 많이 들은 석진이 가해에 관해 어떻게 생각하는지 궁금했다. 석진은 개인적 견해라는 단서를 붙이면서 조심스럽게 말했다.

저는 학교 폭력이라는 것을 하나의 범주로 생각하지 않아요. 왜냐하면 학교 폭력이라는 걸 하나의 범주로 생각해버리면 미비한 사안부터 장기간 고통스러운 폭행까지 다 사실은 학교 폭력이거든요. …… 학교 폭력은 학교 폭력이고,

사실상 비인륜적인, 비인간적인 것은 범죄로 봐야 한다고 생각해요.

학교 현장에서 학교 폭력은 학생이 겪는 모든 일이라 할 만하다. 모르는 성인 이웃이 학생을 공격하면 학교 폭력이다. 마을 놀이터에서 학생 둘이 싸워도 학교 폭력이다. 현장에서 학교 폭력은 '학교에서 발생한 폭력'이 아니라 '학생 대상 폭력 전부'에 가까웠다. 학교 폭력은 정의상 학교 안과 '밖'에서 학생을 '대상'으로 하는 폭력이기 때문이다. 그렇지만 석진은 중재할 수 있는 학교 폭력과 범죄를 구분했다.

범죄를 저지른 아이들은 정말 그에 따른 책임을 받아야죠. 처벌을 받아야 되는 문제인 거예요. …… 범죄를 저지른 친구들은 그에 따른 책임을 확실하게 져야 뉘우칠 수 있고, 반성하겠다고 생각해요. …… (피해가 '경미'하다는 표현이 적절하지 않을 수 있지만 경미한 일이라고 할 수 있는 학교 폭력이 있을 때는) '얘는 무조건 벌줘야 돼' 이게 아니라 왜 이런 행동이 일어났는지 스스로 깨닫게 이야기도 해보고, 선생님이 개입을 해서 서로 기분도 알아가는 시간도 갖고, 이런 중재가 너무 많이 필요하다고 보는 거고요.

중재는 폭력을 마주하는 많은 사람이 고심하는 주제다. 그런데 학교 현장에서 중재는 까다롭다. 학교 폭력 사안을 접수하면 절차에 따라 진행하기 때문이다. 가해 학생이 심의를 거쳐 나온 처분에 불복해 행정 소송을 제기하기도 한다. 처분과 처벌이 아닌 방향도 있다. '회복적 사법(restorative justice)'은 가해자를 처벌하기 전에 피해자, 가해자, 관련자가 피해자 회복을 목표로 사건을 새롭게 이해하려는 접근 방식이다. 회복적 사법을 핵심어로 삼아 학교 폭력을 성찰하려는 시도도 있다.[*]

"저희를 살리셨어요"

학부모님들이 항상 이야기하는 게, '해맑음센터가 저희를 살리셨어요' 우시면서 이런 이야기를 많이 해요. 학생들도 '너무 고맙다 감사했다' 이런 이야기들 많이 하고요.

~~~~~~~

[*] 최원훈, 〈소년사법체계의 '더 글로리', 회복적 사법〉, 《경향신문》 2023년 2월 1일; 정재준, 〈회복적 사법과 회복적 생활교육의 적용 가능성〉, 《투데이신문》 2023년 7월 16일; 김이문, 〈학교 폭력 예방에서 회복적 사법의 투영방안: 가·피해학생 회복적 정의 중심으로〉, 《자치경찰연구》 제11권 제1호, 한국자치경찰학회, 2018.

학생뿐 아니라 '저희'를 살린 해맑음센터는 여전히 많은 이들에게 방공호다. 우리가 이야기할 때도 입소 문의 전화가 왔다. 몇 번이나 대화가 끊어졌다. 피해자 지원 시설이 절실하게 필요하지만 사정 때문에 못 오는 사람도 있고, 그런 시설을 몰라서 못 오는 사람도 있다. 해맑음센터가 필요한 피해 학생이 정작 해맑음센터를 모르거나 여기저기 수소문하다가 겨우 알게 되는 사례도 많다고 석진은 안타까워한다.

한 학생이 있었다. 처음에 와서는 말도 안 하고 눈도 안 마주쳤다. 친해지고 나니 음악과 사진에 재능이 보였다. 석진이 독려해서 사진집도 만들고 공모전에서 상도 탔다. 장려상, 우수상, 쌓이는 상에 자존감이 생겼다. 진로도 사진작가로 정하고 대학도 사진학과로 진학했다. 건실한 청년이 된 학생은 해맑음센터에서 행사가 있을 때나 필요할 때 와서 사진을 찍었다. "저희 애가 휴대폰에 선생님 번호를 '수호천사'로 저장하고 있더라고요. 엄마나 아빠도 이렇게 저장을 안 하는데." 석진은 그 학생 부모님이 한 이야기를 기억하고 있었다.

해맑음센터 선생님을 좇아 대학에 들어갈 때 사회복지학과에 가거나 상담학과에 진학하는 학생도 있었다. 해맑음센터는 사람을 살렸고, 다시 살게 된 사람은 삶이 달

라졌다. 상처와 아픔이 달라진 삶을 만들 자원이 되는 일
은 무엇보다도 값지다.

3장

평생 이렇게 살 수 없다고 생각합니다

섭식 장애가 있는 여성 청소년

‘프로아나(pro-ana)’란 거식증을 찬성한다는 뜻이다. 찬성을 뜻하는 영어 접두사 ‘프로(pro)’와 거식증을 뜻하는 ‘아너렉시아(anorexia)’를 합친 말이다. 비슷한 표현으로 ‘뼈말라’가 있다. 뼈가 드러날 정도로 마른 몸을 뜻한다. ‘프로아나’나 ‘뼈말라’ 같은 섭식 장애 환자의 80퍼센트는 여성이다. 섭식 장애는 거식증뿐 아니라 폭식증도 포함하는 넓은 개념이다.

섭식 장애가 있는 문경을 만났다. 문경은 졸업을 앞둔 갓 스무 살 고등학생이다. 1년 넘게 섭식 장애를 겪었다. 거식증과 폭식증을 모두 경험했다. 폭식증은 단식을 하고 나서 찾아왔다. 충동적으로 먹고는 후회와 불안에 시달리며 구토했다. 거식증과 폭식증이 연결돼 있다는 사실을 이해하기 어려웠지만, 문경은 그렇게 경험했다. 거식증과 폭식증은 동전의 양면처럼 동시에 발생할 수 있다고 한다. 단식 뒤에 찾아오는 저영양과 영양 불균형으로 뇌 기능이 떨어지고, 뇌 기능이 떨어지면 폭식과 보상 행동을 반복하기 때문이다.[*]

프로아나의 몸

초등학교 5학년 때부터 댄스에 흥미가 있어서 학원에서 케이팝 댄스를 추기 시작했고, 고 2 때 댄서를 진로로 잡았습니다. 대학교를 실용댄스과로 가려고 준비했는데요, 춤을 출 때 보이는 몸의 선과 동작들을 가볍게 하기 위해 체중 감량을 시작했습니다.

춤을 배우고, 춤을 추면서 주위에 비슷한 친구들이 늘어났다. 장르가 다른 댄스나 발레를 하는 친구도 있었는

* 신은진, 〈거식증·폭식증 정반대 질환 같지만, 동시에 나타난다고?〉, 《헬스조선》 2023년 10월 12일.

데, 춤추는 친구들의 몸을 보면서 예쁘다고 생각했다. 이 때부터 몸무게 강박이 시작된 듯하다고 문경은 짐작했다. 그때부터 살에 집착하고 극단적으로 살을 뺐다. 6학년 교실에서도 여자 어린이들은 다이어트를 자주 말했다. 큰 거울로 자기 모습을 보려고 화장실에 자주 드나드는 어린이도 있었다. 핏이 안 산다며 추운 겨울에도 두꺼운 외투를 입지 않는 어린이도 있었다.

폭식증과 거식증을 오가는 문경은 폭식증이 단식 뒤에 온다고 말했다. 처음에는 이것만 먹어야지 하다가 음식이 입안으로 들어오면 이미 충분히 먹은 채인데도 멈추지 않았다. 배가 아플 때까지 먹고 후회와 불안에 더해 불쾌함과 더부룩함을 느끼고 토한 적도 있었다.

주로 먹고 토하는 것과 그냥 굶는 방법을 이용합니다. 하루 식사량과 횟수는 대답하기 모호한데, 강박적으로 굶다가 폭식하고 토하는 게 습관이 됐습니다. 신체 증상은 개인마다 다르겠지만, 저는 역류성 식도염, 저혈압, 어지럼증, 위산 과다 분비, 위산 역류가 생겼습니다. 신체적 증상은 아니지만 습관적으로 음식 칼로리를 계산하기도 합니다. 하루에 먹을 칼로리를 정해두기도 합니다. 하지만 언제부터인가 음식을 보면 먹지 않더라도 그 칼로리를 검색하고 계산합니다. 아무 의미 없고 스트레스만 받게 되지만 그저 습관적으로 하는 것 같습니다.

구토를 해본 사람이라면 그때 겪는 통증을 안다. 화끈거리는 식도와 구역질. 문경은 거식증과 폭식증을 오가며 힘들어했다. 자의로 하는 행동이 아니라 아픈 상태다. 섭식 장애는 의지가 아니라 병이다. 섭식 장애는 '의지가 약해서 보이는 행동'이 아니라 '정신 질환'이다.[*] 섭식 장애 당사자이자 한국에서 처음으로 '섭식장애 인식주간'을 기획한 박지니는 섭식 장애가 '정신만 똑바로 차리면 회복할 수 있는 허영 중독'이 아니라고 비판했다.[**]

문경의 증상은 의료적 조치가 필요해 보였다. 그렇지만 증상이 없어진다고 해서 회복이라 볼 수 있을까? 건강 심리학 연구자 안드레아 라마르는 다르게 생각한다. 증상과 체중에만 편협하게 초점을 맞춘 회복 개념은 진정한 회복을 어렵게 만드는 구조적 문제들을 간과하게 하기

~~~~~~~

[*]   인제대학교 섭식장애정신건강연구소 섭식장애웹플랫폼(www.eatingresearch.kr).
[**] 이유진, 〈내 몸이 별로인가 싶었던 그날 '섭식장애' 고통의 늪에 빠졌다〉, 《한겨레》 2023년 2월 18일.
[***] 박지니, 〈'회복'은 체중계로 잴 수 없는 것〉, 《일다》 2023년 4월 12일.

때문이다.*** 증상이 사라지고 정상 체중으로 돌아가는 단계를 넘어서 구조적 문제를 살펴보자는 말이다. 이상적으로 여겨지는 댄서의 몸, 여성 청소년의 몸을 향한 시선, 체중에 따라 달라지는 사람들 평가, 제때 식사를 할 수 있는 사람과 충분한 영양을 섭취할 만한 계층을 고려하자는 뜻이다. 문경도 다른 사람의 시선을 말했다. 살을 뺀 자기 몸을 예쁘게 바라보는 변화에 뿌듯해하면서도 오직 외모만 보고 태도가 바뀌는 현실에 역겨움을 느꼈다.

라마르는 회복 개념의 외연을 넓히는 주장을 펼친다. 회복을 섭식 장애하고 절연하는 순간보다는 자기 자신에게 정직할 수 있는 단계로 본다. "회복 중에 있다는 것은 어떤 상황에서 나를 돌보는 방향으로 헤쳐 나가기 위해 내가 무엇을 해야 할지를 이해하는 일이라 생각합니다." 이렇게 말하면서 라마르는 섭식 장애가 완전히 사라지기를 바란다기보다는 시간에 따라 강도를 달리하는 섭식 장애하고 함께하면서 자기가 무엇을 해야 하는지 고민한다는 뜻으로 회복을 이해했다. 라마르에게 회복이란 병자가 실행하는 자기 돌봄이었다.

의료적 개입이 필요하다는 주장도 있다. 한 의사는 발병 5년 이내에는 치료에 성공할 가능성이 높지만 시기가 늦어지면 만성 질병이 될지도 모른다며 섭식 장애 환자를 염려했다. 규칙적인 식사와 체중 회복을 강제해야 한다는 주장도 나온다.* 교사를 포함한 주변 어른들이 개입하려는 상황을 문경은 어떻게 생각할까?

저는 모른 척하는 것이 맞다고 생각합니다. 대다수의 프로아나들은 먹토와 극단적인 단식, 폭식증이 몸에 좋지 않다는 것을 알고 있습니다. 그럼에도 불구하고 프로아나를 하는 것이기 때문에 사정을 이해해주고, 굳이 말로 꺼내지 않고 모른 척해주는 배려가 필요한 것 같습니다. 저는 아직 병원 외에는 어른의 개입이 있었던 적은 없습니다. 제 주위에서 어른들의 개입(특히 부모님)이 체중계를 빼앗고 먹는 것을 감시하는 경우를 많이 봤는데, 반발심만 커질 뿐 좋은 효과를 보지 못했습니다.

환자나 당사자가 질병을 이해하는 방식은 치료와 회복에 중요하다. 문경은 안 좋은 방법이라 하더라도 자기가 살을 빼는 방식을 존중받으면 좋겠다는 마음이 있다고 강조했다. 그래서 당사자가 먼저 도움을 요청하지 않는다

---

* 김동주, 〈정신과 질환 사망률 1위 거식증, 의지로 극복 어려운 이유는?〉, 《부산일보》 2023년 5월 21일.

면 어른이 하는 개입이 상황을 개선할 수 있다고 생각하지 않았다.

수면 아래 아픔들

문경은 학교 급식을 아예 먹지 않았다.

급식에 관해서 어려운 부분은 없었습니다. 저 이외에도 급식을 먹지 않는 친구들이 더러 있고, 학교에서도 크게 신경 쓰지 않았습니다.

학업에 지장이 있는데다가 집중력과 이해력도 떨어진다고 느끼는 문경을 아무도 알아보지 못했다. 학생이 급식을 먹지 않는데 담임 교사가 계속 모르는 상황은 납득하기 어려웠다. 문경은 담임 교사가 학생에게 관심이 없는 사람은 아니지만 학업과 진로에 관심을 더 쏟는다고 평가했다. 엄연한 건강 문제를 아무도 모르는 상황은 정당하지 않아 보였다. 도움이 절실한 학생도 있기 때문이다. 그래서 정서적 어려움을 겪는 청소년이 학교 상담실인 위클래스를 편안히 이용할 수 있는지 물었다.

위클래스는 부모님한테 연락을 꼭 한다고 해서 이용하지 않는 사람들이 많습니다. 저는 부모님한테 말씀드려서 병원 정신과에서 약물 처방과 상담을 받았지만, 제 주변에 프로아나가 아니더라도 우울증이 있는 친구들이 있는데, 부모님께 연락하는 것 때문에 이용을 꺼려하는 것을 많이 봤습니다.

학교는 학생이 위험에 빠지면 곧바로 보호자에게 알린다. 학생을 위한 일이기도 하지만 학교 혼자 책임질 상황을 만들지 않으려는 조치이기도 하다. 위클래스가 철저하게 비밀을 지키는 곳이라면 결과는 다를 수도 있었다. 문경은 그렇게 되면 친구들이 지금하고는 비교도 안 되게 위클래스에 많이 갈 듯하다고 동의했다. 섭식 장애를 포함해 우울증 있는 친구를 여럿 목격한 탓이었다.

저희 반에 우울증으로 상담을 받는 친구가 6명이고 그중 우울증 약을 복용하는 사람이 4명인데, 적은 비율은 아니라고 생각합니다. 우울증으로 무기력하게 학교를 다니다가 술, 담배같이 안 좋은 길로 빠지는 친구도 있었습니다.

한국 사회는 여성 청소년이 하는 음주와 흡연을 도덕

적 사안으로 다루지만 여성 청소년이 어떤 정서적 어려움을 겪는지는 깊이 있게 이야기하지 않았다. 여성 청소년은 왜 우울할까? 문경도 친구들에게 물었지만, 친구들도 원인을 몰랐다.

　　본인이 원인을 아는 경우는 거의 없었습니다. 가정 분위기가 안 좋은 친구만 원인을 알고 있었고, 나머지는 다 진단받기 전에는 우울증인 것을 인지하지 못하고 있었다고 했습니다. 그래서 제가 우울감의 원인을 특정하기는 어려울 것 같아요.

　　건강 통계는 늘 정확한 정보가 아니었다. 자기 상태를 모르는 사람, 진단받지 않은 사람이 있기 때문이다. 섭식 장애로 시작한 대화는 어느새 여성 청소년의 우울로 이어졌다. 문경이 말하는 학교는 교사로서 내가 보고 들은 학교하고는 달랐다. 아픈 여성 청소년이 적지 않았다. 문경이 모르는 여성 청소년의 아픔도 있다는 점을 고려하면 여성 청소년의 정신 건강은 '이름 붙일 수 없는 문제'였다. 수면 아래에서 끓고 있기 때문이다.

방법을 모르는 일

문경도 섭식 장애를 겪으며 회의감을 느낀 적이 있었다. 단식 중 화장실에서 쓰러졌다. 일주일 정도 단식하던 상황에서 따뜻한 물로 샤워를 하다가 머리가 핑 돌고 순간적으로 몸에 힘이 빠져 화장실에 쓰러졌다. 회의감을 느꼈지만, 단식을 그만할 수는 없었다.

미디어에 등장하는 마른 몸이 10대 여성들 사이에 프로아나를 불러일으킨다는 주장도 자주 들렸다. 문경에게 어떻게 생각하는지 물었다.

섭식 장애가 생기는 경로는 매우 다양해 그것이 전부는 아닙니다. 그러나 연예인을 기준으로 살을 빼기 시작했지만 어느 순간부터는 살 빼는 것 자체에 갇혀서 못 헤어 나오는 경우도 많이 봤고, 미디어에 등장하는 마른 몸이 사람들의 인식을 바꿔놓는 것은 어쩔 수 없다고 생각합니다.

섭식 장애는 '인위적 진단명'이고, 섭식 장애 안에서도 드러나는 증상은 비슷하지만, 따지고 보면 모두 다르다고 박지니는 이야기한다.[*] 섭식 장애는 외모에 관한 견해 때문만이 아니라 다양한 상황에서 생길 수 있다. 다큐멘터리 〈두 사람을 위한 식탁〉은 섭식 장애를 겪는 채영과 채영의 엄마 상옥에 집중한다. 상옥은 채영이 겪는 섭식 장애를 이해하지 못한다. "각본을 수백 가지 써봤는데, 지금 네가 말한 각본은 참 뜻밖이네." 이런 말을 하는 상옥은 대안 학교 교사다. 교사로, 기숙사 사감으로 학생들을 돌봤고, 그 사이에서 채영은 엄마하고 깊은 애착을 쌓지 못했다. 채영은 폭식을 하고 거식을 했다. 자기가 겪는 섭식 장애를 모녀 관계, 여성의 몸이 놓인 사회적 위치에 연결 지어 이해했다.

채영은 영화 출연기에서 섭식 장애라는 질병을 사회화시키고 싶다고 썼다.[**] "섭식 장애가 사회적 문제로 깊이 논의된 적은 단 한 번도 없다. 다이어트의 부작용으로 오는 병, 외모지상주의가 낳은 폐해와 같은 단편적인 해석이 섭식 장애에 관한 가장 대중적인 시선인 것 같다." 이런 채영에 견줘 문경은 단 한 번도 부모가 나를 사랑하지 않는다고 느낀 적이 없다고 할 정도로 결이 다른 이야기를 했다. 어쩌면 당연한 일이다. 유전적 이유로 거식증

[*] 젠더온, 〈이달의 젠더뷰: 섭식장애를 대하는 우리의 자세〉, 한국양성평등교육진흥원 유튜브, 2023년 5월 26일.
[**] 박채영, 〈섭식장애와 함께한 15년〉, 《일다》 2023년 1월 11일.

이 있는 사람도 있다. 남성 135명이 겪은 섭식 장애를 분석한 한 연구를 보면 폭식증은 성 소수자 남성에게 잦았다.[*] 추정 원인도 결과도 스펙트럼이 넓었다.

저는 평생 이렇게 살 수 없다고 생각합니다. 하지만 어떻게 멈출 수 있을지 방법은 아직 잘 모르겠습니다. 저는 80킬로그램에서 42킬로그램을 감량해 본 사람으로서 또래 친구들과 주위 어른들의 시선 내지는 태도의 차이가 너무 극심하게 느껴져 외모에 대한 강박을 지울 수 없을 것 같습니다.

몸은 언제나 달라질 수 있었지만, 문경은 길을 잃은 듯 보였다. 그래도 상황은 변한다. 박지니는 변할 수 있고 더 좋아질 수 있으니까 너무 지금에만 매여서 절망하지 않으면 좋겠다며 섭식 장애로 괴로워하는 어린이와 청소년에게 조언했다. 관심사가 생기면 '부끄러워하지 말고 파고들'기를 권하고, '덕질[**]이라도 괜찮'다며 용기를 준다.[***]

~~~~~~~~

[*]   Daniel J. Carlat, M.D., Carlos A. Camargo, Jr., M.D., Dr.P.H., and David B. Herzog, M.D., "Eating Disorders in Males: A Report on 135 Patients," *American Journal of Psychiatry* 154(8), 1997, pp. 1127~1132.
[**] 특정 분야에 관심을 쏟는 행위.
[***] 젠더온, 앞의 글.

여기에 더해 섭식 장애가 전적으로 개인 의지에 달린 일은 아니라는 점을 좀더 많은 사람이 알아야 한다. 섭식 장애는 발견이 어려운 아픔이고, 오해받는 질병이다. 2023년 처음 열린 '섭식장애 인식주간' 때 내건 슬로건은 '납작하지 않은 섭식장애'다. 납작하지 않고 다채로운 섭식 장애 이야기가 여기저기서 울려 퍼지기를 기대한다.

2부

~~

엄마

4장

삶이 엄마의 일이라면

이혼 뒤 경제 활동을 시작한 한부모 가족 여성 가장

나는 이혼 가정 출신이다. 부모님은 내가 중학생 때 이혼했다. 이혼 가정 출신인 나는 가족의 의미를 자주 생각했다. 부모가 한 이혼은 내 성장과 성격에 영향을 미쳤는데, 정작 나는 어머니 상황은 고려한 적이 없었다. 성인이 돼 다시 생각해보니 그때 엄마가 한 생각을, 엄마 마음을 나는 알지 못했다. 그래서 이혼하고 자녀를 홀로 양육하는 어머니의 목소리를 듣기로 했다. 이혼은 원가족이 해체되는 사건이지만 부모와 자녀는 해체를 서로 다르게 경험하기 때문이었다.

지난날 내 엄마하고 상황이 비슷한 규진(가명)을 소개받았다. 경기도 안양시에 사는 규진은 현재 40대 중반이고 세 아이의 엄마다. 한부모 가족이고 수급을 받는다. 규진이 사는 동네에는 이른바 중산층이 많다. 대학 진학에 관심이 높고 교육열이 뜨겁다. 대로 좌우로 학원이 즐비하고 서울 유명 학원 분점도 여럿 보인다. 수도권 전철 4호선이 지나고 대학 병원도 있는 곳이다. 입학하기 어려운 대학을 가려는 학생들과 그런 학생들을 적극 지원하는 부모가 평범해 보이는 지역에서 혼자 세 자녀를 키우는 규진이 산다. 중산층이면서 높은 학구열을 뒷받침할 자원을 보유한 가족들이 사는 지역, 정상 가족 압력이 만연한 동네가 규진이 사는 곳이다. 규진이 양육에서 혼란을 느끼는 배경이기도 하다.

1인분 이상

5인 가족이었다가 4인 가족으로 한부모 가족이 됐고. 가장으로서 무게라는 게 있잖아요. 너무 정신없이 살았다, 아이들을 어떻게 키워야 하나, 나도 이혼을 했구나 생각했어요. 나라는 사람도 이혼을 할 수 있구나라는, 받아들이기가 좀 쉽지 않았던 거죠.

이혼은 당사자도 체감하기 어려운 일이었다. 당사자로서는 부양과 돌봄이 더욱 현실적인 문제가 됐다. 규진은 '무기력 반, 가장으로서 책임감 반'이라는 생각으로 혼란스러웠다. 그렇지만 아이들이 있으니까 일을 했다. 할 수 있는 일이면 가리지 않았다. 이혼 전에는 '살림만 하는 엄마'로 살아서 경제적으로 자리를 잡기가 쉽지 않았다. 아이들을 생각해 빨리 자리를 잡자고 마음먹었다.

저는 경력 단절이었기 때문에 인터넷 사이트에 올라온 구인 글을 보고 군포에 있는 작은 식품 공장에서 일을 시작하게 되었어요. 굉장히 열악했어요. 위생복도 입고 복장도 복잡해서 여름에 너무 더웠어요. 땀도 많이 나고. 너무 무겁고, 냄새도 괴로울 때가 있죠. 천장 쿨러가 더러워서 불쾌한 느낌이 들기도 했고요. 그런 환경에서 아이들을 위해서 계속 일했던 것 같아요. 힘들어도.

부양은 현실 문제였다. 아이들은 매일 밥을 먹고, 매일 학교에 다녔다. 규진은 자기가 희생하면 아이들이 더 나은 환경에서 살 수 있다고 생각해 참고 일했다. 환경을 받아들였다. 이혼을 경험한 당사자는 어떤 생각을 하는지도 물었다.

(이혼 여성에 대한) 사회적인 인식. 남하고 별로 만나고 싶지 않고 이야기도 별로 안 하게 되는 게 있었던 거 같아요.

스스로 움츠러들었다. 규진이 이혼 사실을 밝히지 않았으니 거짓말을 해야 할 때도 있었다. 직장에서 동료들이 남편에 관해 물으면 지방 근무를 한다거나 교육 중이라고 둘러댔다. 남편과 아내가 다 있는 정상 가족이 당연하지 않은데도 질문은 자주 나왔다. 요즘 이혼은 흠이 아니라고들 했지만, 당사자는 이혼을 말하기 어려웠다. 아이들은 집에서 아빠 이야기를 꺼내지 않았다. 규진은 아이들에게 아빠가 없어도 되겠다고 생각했는데, 키워보니 생각보다 아빠가 필요했다. 부자가 함께 목욕탕 가는 일처럼 아빠가 할 수 있는 뭔가가 있었다.

차별받을까 염려가 된 규진은 이혼 사실을 말하지 않는 방법으로 대응했다. 그래도 추근대는 남성은 있었다. 그래서 함부로 보지 않게 편한 옷을 멀리하고 사무직 노동자처럼 반듯하게 입고 다닌다. 이혼과 사별을 포함한 이별은 삶의 과정 중 일부다. 그렇지만 사람들은 남편이나 아내가 없는 상황을 흠결로 보거나 차별했다. 이혼 가정이 겪는 편견을 다룬 기사에서 어떤 여성 한부모 가장은 '담임 선생님이나 주변 엄마들이 우리 딸에 대해 편견

을 가질까 봐 전전긍긍했다'고 털어놨다. '증명서를 낼 일
이 생기면 아이가 위축될까 봐 일부러 이혼 전 등본을 잔
뜩 떼놨다'는 사람도 있었다.[*]

> 제일 힘들었던 거는 아이가 아플 때 회사에다가 아쉬운 이
> 야기를 하고 나오기가 힘들잖아요? 아플 때 바로바로 대처
> 를 못 하거나 아이가 학교에 행사가 있거나 할 때 제가 직
> 접적으로 참여하지 못한 거, 봐줄 수 없는 것. 아이와 같이
> 보내는 시간이 적잖아요. 그런 것들이 어려웠던 것 같아요.

아이에게 엄마가 필요할 때 곧바로 대처할 수 없었다.
규진은 가장과 엄마를 병행하면서 두 사람 몫을 했지만,
모두 다 해낼 수는 없었다. 일은 가족을 부양하는 데 무
엇보다도 중요해서 성실히 임했다. 그래도 경제적 상황은
늘 팍팍했다.

> 기초 생활 수급자가 되었고, 주거 급여와 교육 급여, 그리
> 고 한부모 급여를 받아요. 이 수당을 받는 소득 기준이 생

---

[*] 이지훈, 김수연, 〈아이들 놀림 받을까봐…이혼전 등본 잔뜩 떼놔〉, 《동아일보》
2018년 8월 27일.

각보다 많이 낮고 자동차를 갖고 있으면 불리해요. 자동차는 재산에 해당하는데요. 주거용 재산이나 금융 재산은 몇 퍼센트로 환산해서 계산하는데, 자동차는 100퍼센트 다 재산으로 판단해요. 그래서 저도 차를 가지고 있지는 않아요. 또 야근을 해서 소득이 높아지면 혜택을 받을 수 없으니까 야근을 안 하죠.

기초 생활 수급자는 소득에 따라 급여를 받는다. 급여란 월급이 아니라 주거 급여나 생계 급여 같은 복지 급여를 가리킨다. 급여를 유지하려면 소득이 소득 기준을 밑돌아야 한다. 규진이 주거 급여를 받으려면 2024년 기준 월 소득이 275만 358원 이하여야 한다. 규진은 최저 임금을 받으면서 기준을 충족했다. 500만 원짜리 자동차가 있으면 월 500만 원 소득이 있다고 간주하기 때문에 규진이 한 말처럼 수급자가 자동차를 보유하기는 어렵다. 제외와 감면 기준이 있기는 하지만 말이다.

돈을 더 벌고 싶은데, 좀 더 일을 하고 싶은데, 제가 돈을 벌면 그만큼 혜택을 못 받는 것이 아쉽죠.

소득이 늘어 소득 기준을 초과하면 급여는 정지된다.

규진만 겪는 문제는 아니다. 수급은 생명 줄이라서 수급자들은 자격을 유지하려 전전긍긍했다. 자녀가 받은 아르바이트 급여나 주택 연금을 이유로 수급에서 탈락하기도 한다. 현금 재산도 수급 기준에 들어간다. 돈을 너무 열심히 모아도 수급에서 탈락한다. 수급자는 수급 자격을 유지하려고 현금 재산 액수, 통장 입출금 상황, 상속 등 경제적 여건 전반을 예민하게 살펴야 한다. 집을 소유한 사람이 모두 부유하지는 않은 상황에서 공시 지가에 따라 자격이 아슬아슬한 수급자들도 있다. 소득 증가와 수급 탈락 사이의 연계를 느슨하게 해야 한다.

탈수급이라는 말이 있거든요. 탈수급을 하고 싶은데, 저 같은 경우 아이들이 클 때는 돈이 필요하고 학기 초에는 이런 거 저런 걸 사고 한다는 말이에요. 따지다 보면 도움이 되는데. 돈을 조금 더 벌거나 소득 기준을 벗어나면 바로 중단이 되고, 아니면 토해내게 된다는 말이에요. 한부모로서는 그 혜택을 놓치기는 너무 아쉽고, 또 놓자 하니 그건 또 안 되고. 내가 고생을 해서 돈을 더 벌면 괜찮지 않을까 싶기도 하지만, 아이들 클 때까지는 난방비나 전기세나 복지 혜택이 있으니까, 이런 것들을 전혀 무시할 수는 없기 때문에 탈수급이 어렵죠.

'탈수급'이란 벗어난다는 뜻의 '탈(脫)'과 수급자의 '수급'을 합한 말이다. 돈을 벌고 돈을 모아 수급을 벗어난 상태가 탈수급이 아니었다. 수급 기준을 벗어난 바로 그 순간 탈수급이 됐다. 탈수급은 보조 바퀴를 뗀 두발자전거였다. 보조 바퀴를 너무 일찍 떼면 쓰러지기 쉬웠다. 두 발과 네 발 사이에 중간은 없는 걸까?

일하기와 살기

노동자 규진은 몸에 부담이 되는 일을 하고 있었다. 나는 건강은 괜찮은지, 몸은 어떤지 물을 수밖에 없었다.

손목 쪽에 통증이 있어요. 손목의 안쪽이나 뒤쪽이 뻐근하게 느껴지고 아플 때가 있어요. 가끔 물리 치료를 받으러 가기도 하고요. 그래도 손목이 아프다는 이유로 아이들이 있기 때문에 놓을 수가 없잖아요. 그래서 아파도 참고 다니고 있는 거 같아요. 제가 할 수 있는 부분은 그래도 설거지보다는 공장 일이 낫고요.

규진은 손목이 아팠다. 근골격계 질환이다. 노동조합

이 있으면 노동자가 허리 통증에 덜 시달린다는 연구를 다룬 기사를 봤다.[*] 건강 악화를 막는 데 노조가 주요한 구실을 할 수 있다는 사실을 규명한 셈이다. 일하는 자세나 노동 시간에 더해 심리적 충격을 줄이는 문제도 노동자 건강에 중요했다. 반복하는 작업 환경이 통증을 일으킨 원인으로 보이지만, 심리적 지지 체계, 의료비 부담, 시간 빈곤, 설거지(식당 일) 아니면 공장 일이라는 양자택일 상황도 규진의 몸에 영향을 미친 듯하다. 몸이 감당해야 하는 아픔은 전적으로 개인적일 수 없었다. 그래서 규진도 자기를 지지하고 돌봐주는 사람이 필요했다.

정말 어려움을 이해해주는 한 분을 이야기하고 싶은데요. 아이들 어렸을 때 아이들에게 저렴하게 공부를 가르쳐주신 분이 계셨어요. 지인이 소개해준 사람인데요. 자기도 어렸을 때 힘들게 살았다며 집을 시세보다 저렴한 가격으로 내주셨어요. 내준 집은 빈집이었고, 이분 집은 처음에 살았던 친정 부모님 집보다 큰 집이에요. 이분이 아이들 클 때까지는 와서 살아도 된다고 해주셨어요. 고민을 많이 했어요.

[*] 김상범, 〈"노동조합이 노동자 허리통증 막는다" 첫 연구결과 나와〉, 《경향신문》 2017년 2월 1일.

저는 남에게 신세 지는 것도 싫어하는 사람이고요. 그랬더니 그분은 '아니다. 아이들이 사춘기를 지낼 때는 각자 방도 있어야 되고 아이들 공간도 있어야 되니 아이들 클 때까지는 부담 없이 살아라' 해서 지금 그렇게 살고 있어요. 굉장히 감사하고 평생 제가 은혜를 갚아야 할 분으로 생각하고 있고, 살면서 힘든 부분에 대해서도 옆에서 알아봐주고 위로해주고 이야기해주는 분이라, 여러 가지 면에서 그분에게 도움을 받아요. 지금까지도 도움받고 있어요.

규진은 집안일과 자녀 돌봄을 돕는 친정 엄마도 감사했지만, 이 특별한 귀인에게 더 감사하다. 규진은 은혜를 받은 사람이라고 말했지만, 자녀를 돌보는 일은 자기 책임이라 강조했다. 사실 규진이 자녀를 돌보는 일도 은혜다. 엄마 노릇을 하는 사람이 아니라 한 개인으로서 규진이 자기 삶을 어떻게 생각하는지 궁금했다.

지금은 저한테 뭔가를 한다는 것은 사치인 거예요. 지금 제 삶이 녹록하지 않기 때문에요. 저를 위해서 뭔가를 해야겠다는 건 오로지 등산뿐이고. 연차를 써도 오로지 나를 위한 연차? 산을 위한 연차? 집안일을 위한 연차를 쓰고 싶지 않은 거예요. 지금 한창 재미있게 살 나이인데, 그런 재미와 행복이 좀 많이 멀게만 느껴진다는 거죠. 지금은. …… 내가 좀 편해질 수 있는 것? 좀 여유로운 삶을 오롯이 나한테만 투자하고 싶은 그런 거를 욕심을 내고 있는데, 지금 내 삶을 봤을 때는 (개인의 삶을) 한부모라는 삶과 분리를 못 하겠네요.

규진은 개인의 삶과 한부모의 삶을 분리하기 어려워했다. 규진에게는 등산만 '사치가 아닌 것'이다. 또한 '뭔가를 한다는 것은 사치'다. 사람들은 아주 가끔 사치를 하지만 규진에게는 등산이 아닌 어떤 일은 사치였다. 가끔 하는 행위가 사치인 줄 알았는데, 규진에게는 어떤 일상이 사치였다. 규진이 보내는 일상이 무거워 보였다.

맞아요. 겉으로는 내색을 하지 않지만 속으로는 응어리가 많이 져 있고. 그렇다고 내가 힘든 점을 남에게 표현할 수는 없잖아요. 그러니까 주어진 일에 최선을 다하는 거고. 손목이 아파도 제가 갈 곳은 직장밖에 없기 때문에 일을 하죠. 속에 있는 말들을 어느 그 누구에게 말을 하겠어요. 그걸 담아놓고 오롯이 풀 수 있는 등산에 가서 커피를 마시거나 컵라면을 먹는 게 저에게는 최고의 힐링이고, 에너지를 받을 수 있는 저만의 유일한 방법 같아요.

취약한 삶 속 비상구

엄마로 사는 삶은 보람차고 의미 깊지만, 그냥 안 하고 싶은 날도 있지 싶었다. 산에서 여유를 누릴 때 규진은 엄마 노릇에서 잠시 벗어났다. 그래도 엄마 노릇은 중요했다. 비슷한 상황에서 자녀를 키우는 다른 엄마들에게 전하고 싶은 말이 있지 싶었다.

애들은 잘못이 없잖아요. 아이들이 성인이 되기 전까지는 책임을 지고 양육을 해야 한다고 생각을 하고, 미안한 마음보다는, 저도 좀 잘 못하는 말이지만, 사랑하고 있다고 느낄 수 있도록 마음을 좀 전달해주었으면 해요.

자녀들에게 마음을 전달할 때 규진은 이모티콘으로 표현하거나 술 한잔한 때 농담처럼 이야기한다. 그렇지만 자녀들은 규진의 마음을 알지 싶다. 자기가 받는 돌봄이 어떤 돌봄인지 알지 싶다. 자기가 어떻게 살아야 하는지도 알려주는 삶 말이다.

저는 자연을 보고 땅을 밟고 산속에 들어가면 굉장히 기분이 좋아지고 그래요. 땀도 나고 힘들고 하죠. 산에는 곧은 길이 있지만 굽은 길도 있잖아요. 저는 곧은 길보다는 굽은 길을 더 좋아하거든요? 인생사도 그렇잖아요. 곧지만은 않잖아요? 이렇게 한 번 고생도 해보고 저렇게도 한 번 해보고 했던 사람들이 오히려 전 더 좋고요. 자연을 보면서 에너지를 받는 거 같아요. 유일한 취미고, 저한테 유일하게 사치라고 생각하지 않는 일인 것 같아요.

취약하거나 가난해도 즐거움은 있다. 항상 괴롭고 지치지는 않는다. 삶에서 찾는 즐거움은 보조적 요소가 아니라 삶을 유지하는 강력한 수단이다. 공원에 자리한 노인들이 두는 길거리 장기는 사람을 만나는 여가 활동이다. 수급자나 차상위 계층에게 지원하는 문화누리카드는 문화 격차 완화를 목표로 하는데, 여가는 격차 완화일 뿐 아니라 삶을 살 만하게 한다. 산에서 위안을 얻는 규진에게 가장 인상 깊은 곳은 어디일까.

산은 다 위안을 받지만 제일 처음 지방 산에 간 곳이 월악산. 제천이에요. 악산(돌산)이라 굉장히 힘든데, 그 힘든 만큼 풍경이 좋아요. 뒤로 배경을 보면 청풍호가 멋지게 보여요. 또 제천 인근에 옥순봉이라고 있어요. 거기는 경치가 너무 좋은 곳이에요.

5장

네가 엄마한테 왔잖아

스무 살에 아이를 낳고 홀로 키우는 여성

영은은 체육고등학교에 다녔다. 배구 선수를 꿈꾸며 초등
학생 때부터 운동을 했다. 고등학교 3학년 여름에 임신
사실을 알았다. 시합 전날이었다. 시합 날 컨디션이 안 좋
았는데, 임신 탓으로 여겼다. 그 뒤 고심 끝에 배구를 그
만뒀다. 출산과 육아를 선택했고, 삶의 경로가 바뀌었다.
남자 친구이던 남편하고 혼인 신고를 하고, 지금은 6개
월 된 딸을 홀로 키운다. 그런 영은을 카페에서 만났다. 2
층이 있는 큰 카페였다. 시간에 딱 맞춰 영은이 등장했다.
계단으로 올라오는 영은을 바로 알아볼 수 있었다. 배구
선수 출신이라 키가 컸다. 딸이 어린이집에서 하원하기 전
에 잠깐 짬을 내 이야기를 나눴다.

엄마가 된 고등학생

저는 처음에는 임신 사실을 알리지 말고 무단으로 학교에
계속 빠질까 생각을 했어요. 시어머니와 친정어머니가 그
건 아닌 거 같고 담임 선생님에게 먼저 말씀드리라고 해서
말했더니, 교장 선생님이 담임 선생님 얼굴만 보고 가라고
하셔서, 조퇴로 처리해주신 거 같아요. 무단 결석도 며칠
채워서 졸업장을 땄어요.

학교에 다닌다기보다는 졸업 요건을 맞췄다. 학교에
다닐 수 없는 환경은 아니었다. 다닐 수는 있었는데, 눈치
가 보였다. 영은은 교육받을 권리를 보장받지 못했다. 청
소년 부모는 교육이 삶의 경로에서 중요하다. 독일에는
10대 미혼모(독신모)가 임신이나 출산 때문에 학교를 안
나와도 질병 결석으로 인정하는 절차가 있다. 10대 미혼
모가 학교에 가면 사회복지사와 아동보육사가 아이를 돌
본다.[*] 독일 이야기이지만 어떤 방식으로든 교육권을 보장
하려는 조치는 필요했다. 물론 영은이 학교에 안 나간 이

---

[*]　정재훈, 〈10대 미혼모 교육권 보장: 독일 사례〉, 한국여성정책연구원, 2009.

유는 단지 학교가 배려하지 않은 탓은 아니었다. 학교는 나름대로 '배려'를 했다.

시어머니는 '그래 너네 낳고 싶으면 낳아' 이러셨는데, 나중에 알았는데, 뒤에서는 남편에게 엄청 출산을 반대했대요. 친정 엄마도 '생각해볼게' 이러고 계시다가 연락을 안 하고선, 병원이 시댁이랑 가까워 가지고 시댁에서 자주 있었는데, 엄마에게 '잘 키워 봐' 문자 하나 와 가지고.

어린 딸의 임신과 아들 여자 친구의 임신을 받아들이는 일은 평범한 일도, 쉬운 일도 아니었다. 출산은 가족이 허락할 일은 아니지만 지원과 지지를 해줄 부모들에게 이해받는 문제는 중요했다. 시어머니는 영은을 지지했고, 영은을 적극적으로 돌봤다. 아기 옷도 준비했다. 덕분에 영은은 임산부 시기를 잘 보낼 수 있었다.

고 3이니까 계속 선수 생활을 할지, 실업팀을 갈지, 대학에 갈지 많은 고민을 하고 있었어요. 결론은 '돈 벌자'여서 실업팀으로 결정했는데, 임신 사실을 딱 알고 나서 '와, 생각지도 못한 길이 열렸네' 이 생각을 하고 남편에게 말했더니, 남편이 그러냐면서 울더라고요. 진짜 임신 테스트기가 두 줄이냐 묻더라고요. 저는 '진짜 내가?' 이런 생각이 너무 들고 제일 먼저 남자 친구에게 말했는데, 남자 친구는 '자기 어떻게 하냐', '우리 어떻게 하냐' 계속 이랬어요.

영은이 임신 사실을 알리자 남편은 울었다. 영은도 받아들이기 어려웠다. 임신 사실을 안 다음 날 영은은 시합에 나갔다. 그럴 주수가 아닌데 어지럽고 토할 듯했다. 곧 운동을 그만뒀다. 미련은 없었다. 운동을 너무 오래 해서 지금도 운동은 하고 싶지 않다고 했다. 그렇지만 딸을 부양하려면 운동은 아니라도 경제 활동을 해야 했다.

일은 괜찮은데, 시간대가 너무 안 맞는 거예요. 아기가 어린이집을 다니니까 돈 많이 벌려면 풀타임으로 일하는 게 웬만하면 좋은데, 아기 어린이집 등원 시간, 하원 시간이 정해져 있으니까 일하기 어렵죠. 중간에 다른 일 했을 때 요만큼 일했다고 월급이 많이 나오는 것도 아니고. 솔직히 그게 좀 거슬렸던 거 같아요.

가장 중요한 일과는 딸 등하원이다. 등원 때는 집에서 열 시에 나가야 하고 하원 때는 집에서 네 시에 나간다. 그래서 열한 시에서 세 시까지 일할 수 있다. 단시간 근로를 해서 충분한 소득을 얻기는 어려웠다. 남편은 아직 대학생이었다. 태권도 선수를 꿈꾸던 남편은 진로를 바꿨다. 휴학하고 태권도장에서 사범 일을 구했다. 두 사람은 같은 체육고등학교 출신이었는데, 남편만 체육대학교에 입학했다. 남편이 입학한 대학교는 기숙사 생활을 하는 곳이어서 육아에 도움이 안 됐다. 영은은 대학 다니는 남편이 부럽다기보다는 육아를 안 해서 화가 난 일을 떠올렸다. 그래도 지금은 종종 들러 딸하고 놀아준다.

청소년 부모의 맥락에서 대학, 입시, 기숙사도 양육과 돌봄에 연결되는 단어였다. 임신, 출산, 육아, 돌봄, 부양을 하는 학생들이 겪는 경험도 저출생 시대에 중요한 목소리다. 낳은 사람의 수만 중요하지는 않다.

엄마로 살기

제가 2인 수급이라 부모 급여를 받고 있는데요. 아동 수당이랑 부모 급여랑 합쳐진 것으로 알고 있어요. 한 번에 나오는데, 아기가 어린이집을 다니다 보니까 어린이집 비용은 빠지고 남은 현금이 내 계좌로 들어와요. 한 달에 100만 원 이상 있는 건데, 되게 넉넉할 것 같은데 항상 부족해요.

월세는 안 내고, 공과금만 제가 내고 아기 이유식을 사 먹이거든요. 아이가 달마다 커가니까 또 한 번 옷을 살 때 10만 원, 20만 원어치 사서 입히는 것 같고. 저도 밥 먹고 휴대폰 요금 내고 아기 장난감 같은 거 사주고, 곧 돌아오는 돌잔치 때문에 돈 모으는 것도 있고요.

영은도 수급자다. 수급은 경제적 취약층이 피부로 느끼는 지원이었다. 그렇지만 아기 키우는 데는 수당과 급여보다 더 많은 돈이 필요했다. 육아 부담만 해결된다면 직업 훈련을 받을 마음도 있었다. 현실적으로 육아 부담을 덜 방법이 없어서 단기간 근로를 했다. 영은은 성격이 극외향이라 사람 만나는 직업을 갖고 싶다고 했다.

차별은 없는데 눈치 보이는 게 있어요. 어린이집에 갔는데, 누가 봐도 어린 사람 옆에 애기가 있어요. 그러면은 괜히 눈치가 보이죠. 딱 봐도 '사고 쳐서 낳은 아기'인가 이런 생각을 할까 봐. 이런 말을 들어보진 못했지만, 쳐다보는 느낌은 있었어요. 아기가 딸인데 '언니가 애기 잘 보네', '언니가 애기를 되게 예뻐하네' 이런 소리를 되게 많이 들었어요. 그럼 '제 딸인데요' 이래요.

딸을 출산하고 시댁에 머물 때 손님이 왔다. 손님은 아기를 안은 영은을 보고는 언니가 동생을 잘 본다고 칭찬했다. 비슷한 상황에서 자기 딸이라고 밝히는 영은은 이번에도 자기 딸이라고 말했다. 그러자 엄마가 너무 젊다는 말을 들었다. 가족에 관한 상상력이 협소한 탓이다. 엄마를 엄마로 보지 못하는 현실은 영은 탓이 아니다. 그래서 다양한 가족 각본이 필요하다. 아이를 기르는 청소년 여성에 관한 각본은 너무 적다. 정부 지원에 차이가 나서 청소년 한부모(이 사례에서는 미혼모)로 남는 청소년 부모도 있었다.[*] 청소년 부부, 청소년 부모, 청소년 한부모, 미혼모는 각기 다른 말이다.

아기 아빠랑 스피커폰으로 전화를 한 적이 있었는데, 아기가 알아듣는 것 같더라고요. 그게 너무 신기한 거예요. 아빠 목소리를 듣더니 계속 핸드폰으로 오고, 핸드폰을 잡으려고 하고, 그러더라고요. 그리고 한두 번 만났는데, 아기한테 잘해주는 거예요. 자기는 처음에 아기 생겼을 때 '자기 애 아닌 줄 알았다' 그러는 거예요. 저는 얼굴 닮은 거

---

[*] 진태희, 〈한부모에 집중된 정부지원⋯미혼모로 남는 청소년 부부들〉, 《EBS》 2023년 2월 17일.

보라 그랬죠. 남편도 생활하다 보니까 아기가 신생아일 때 보다는 훨씬 더 이뻐하는 거 같아요. 부성애가 늦게 생긴 거 같아요.

영은은 남편하고 떨어져 산다. 그래서 급하게 딸을 돌봐야 할 때 남편 손을 빌리기 어렵다. 임신 기간에는 시댁 식구와 남편이 많이 도왔다. 지금은 동료 젊은 엄마들과 한국미혼모지원네트워크(네트워크)가 도움을 준다. 지금 사는 곳도 네트워크에서 운영하는 긴급주택이다.

네트워크 긴급주택은 전국에 9곳이 있다. 토지주택공사(LH) 매입임대주택 중 오래 입주하지 않은 집을 큰돈 들여 수리해서 자녀 양육 미혼모와 청소년 부모가 살 수 있게 바꿨다. 최소 3개월 계약으로 최대 1년 연장할 수 있다. 덕분에 지금은 주거비가 들지 않지만 계속 긴급주택에 머물 수는 없다.

주거 지원이 많았으면 좋겠어요. 청소년 부모들은 돈이 없어요. 부모님이 반대하는 경우가 많은데, 청소년 부부들은 애를 낳고 싶은 마음이 강한데, 막상 집은 없고. 그렇다고 돈도 없고. 그래서 주거 지원이 많아졌으면 좋겠다고 생각했어요.

    청소년 부모의 96.1퍼센트가 출산을 스스로 결정했다.[*] 통념하고 다르게 청소년 부모들은 출산을 원했다. 이야기를 나눈 네트워크 관계자도 같은 말을 했다. 그렇지만 영은이 말한 대로 청소년 부모들이 마주하는 현실에는 난관이 많았다. 원룸은 아기가 잡고, 서고, 기는 공간으로는 너무 좁다. 1.5룸이나 투룸으로 가려면 보증금이 더 필요하다. 임대 주택 중 하나인 엘에이치 국민임대주택도 보증금이 있다. 지역마다 크기마다 다르지만 수백만 원에서 수천만 원이 필요하다. 모두 대출을 받을 수 있지는 않고 그만한 목돈도 없으니 청소년 부모에게는 임대 주택도 높은 벽일 수 있다. 몇몇 청소년 부모의 학업 중단, 임시적 일자리, 취약한 주거는 이어진 문제였다.

    2020년 네트워크는 청소년 부모의 생활 실태를 조사했는데, 모두 315명이 응답했다.[**] 거주 방식으로는 '보증금 있는 월세'가 44.4퍼센트로 가장 많았다. '모텔이나 찜질방에서 지내고 있다'는 대답은 6.3퍼센트였다. 고시원 같은 '보증금 없는 월세'는 6.7퍼센트였다. 다른 조

<hr />

[*] 조해람, 〈'어린 엄마' 10명 중 7명 산후우울감, 주로 "혼자 참는다"〉, 《경향신문》 2023년 4월 6일.

[**] 김남균, 최현주, 서지혜, 〈청소년 부모가 모텔에서 아이 키우는 이유〉, 《충북인뉴스》 2022년 8월 20일.

사에서 숙박업소에 거주한 적 있다는 대답은 12퍼센트였다. 수치는 숫자일 뿐이지만, 한 가족의 삶을 생각하면 청소년 부모가 겪는 빈곤과 주거 위기는 심각한 정치 쟁점이자 일상의 어려움이다.

책임지는 엄마로 살기

영은은 자기하고 비슷한 경험을 할 사람들 마음을 헤아릴 수 있겠다 싶었다. 출산을 고민하는 청소년들한테 한마디 해달라 부탁했다.

애 키우는 여건이 되면은 낳아서 키워도 된다고 생각해요. 제가 친구에게 열여덟 살짜리 여자애가 임신을 했다고 들었어요. 그런데 유산을 했대요. 친구한테 열여덟 살이면 차라리 유산되는 게 다행일 수 있다고 말했었던 기억이 나요. 애를 너무 낳고 싶었고, 애를 너무 보고 싶었겠지만, 아기 때문에 어려운 점이 적지 않거든요. 열여덟 살이면 할 것 많고, 고등학교도 졸업 못 했을 텐데.

양육 경험에서 우러나온 조언이었다. 영은은 모성애

가 늦게 생기더라고 말했다. 임신 때는 친정 강아지가 더 좋았는데, 낳고 나니까 딸이 정말 예쁘다고 했다. 물론 예쁜 것과 말을 잘 듣는 것은 별개였다. 생긴 것은 예쁘지만 하는 짓은 왜 그런지 모르겠다는 한탄도 했다. 그런 딸이 커서 엄마에게 젊은 나이에 자기를 낳은 이유를 묻는다면 뭐라고 할지 궁금했다.

네가 엄마한테 왔잖아, 이렇게 이야기해야죠.

멋진 대답이었다. 영은은 솔직하게 자기 생각을 털어났다. 조금은 우울하거나 답답한 구석이 보일까 싶었지만, 아무것도 느낄 수 없었다. 어린이집 교사를 보면서 '나도 애들 돌보면서 돈이나 벌까' 생각했고, 대학생은 좋은데 공부는 안 맞는다고 판단했다. 즉흥적 성격이라 미래에 할 일을 계획한 적은 없다고 인정했고, 아이가 더 크면 술도 좀 마시겠다는 말도 덧붙였다. 선택하고 책임지는 엄마는 적절한 기회와 충분한 돌봄을 누려야 한다고 말하면 지나칠까? 아이하고 함께하는 삶을 선택하고 아이를 돌보는 삶을 꾸리는 엄마와 아빠를 더 많이 존중하고 지원해야 한다.

6장

힘들다는 생각도 안 해봤다

자폐 스펙트럼 중학생 아들을 돌보는 여성

가끔 나가는 교회에서 고결(가명)을 알았다. 고결은 중학생이다. 교회에서 활동하며 안면을 튼 고결과 고결의 어머니 재은(가명)은 늘 함께 있어서 두 사람을 따로 알기는 어려웠다. 고결은 말수가 적었고, 가끔 웃었다. 때때로 학부모 신도들을 만나 자녀 교육을 주제로 이야기한다. 물론 큰 도움이 안 된다는 사실은 잘 안다. 그러다 언제인가 재은하고 따로 이야기를 나눴다. 재은은 고결이 자폐 스펙트럼 진단을 받은 아이라고 말했다. 전혀 예상하지 못했지만, 평소 장애 있는 어린이나 특수 교육에 관심이 많아 아는 대로 대답했다. 물론 재은은 장애인을 키우는 몇몇 학부모처럼 전문가여서 내 조언이 그다지 필요

없었다. 나는 현장에 있는 사람으로서 경험을 살려 대답했다. 그 뒤 몇 번 짧은 대화가 오갔다. 과거의 기억을 떠올려 인터뷰를 요청했고, 재은은 흔쾌히 승낙했다.

재은은 싱글맘이다. 고결이 어릴 때 이혼했다. 혼자 가장 노릇을 하면서 자폐 스펙트럼 있는 자녀를 키운다. 고결은 중학교 2학년 사춘기 소년이다. 재은은 날마다 전쟁이라고 할 정도로 쉽지 않은 하루를 보낸다. 그렇지만 이 말에서도 포기나 단념이 아니라 의지가 느껴졌다.

거북맘의 여정

제가 일찍 이혼을 했기 때문에 넉넉지가 않았어요. 제가 처음에 아이에게 가정 환경을 완전체로 만들어주지 못했다는 생각이 있어서 놀이 프로그램을 찾아다녀서 고결이 공부에는 관심이 없었어요. 고결이가 유치원 생활을 적응하지 못하는 것 같다고 아는 선생님이 이야기해주셨어요. 고결이 성향을 보고 분석을 한 결과 조금 도움을 받았으면 좋겠다고 했고, 저는 고결이가 착하고 조용하고 되게 소심한 아이라고 생각했던 거죠. 저한테는 일차적인 원인이 있으니까 그럴 수는 있다고 생각한 거죠. 너무 어렸을 때라지만 고결이 두 살 때 이혼을 했거든요.

이혼 경험 탓에 어린 자녀가 정서적으로 어려움을 겪는다고 알게 돼도 아이가 남들하고 다른 구석이 있다고 생각하기는 어려웠다.

병원 진료를 갔는데 고결이가 너무 어려서 진료 진행이 잘 안 되고, (고결이 주로 쓰는 손인) 왼손에서 오른손으로 바꾸는 과정이라 글씨를 못 쓰는 줄 알았어요. 단순히 소근육이 약한 게 아니라, 협업, 동력, 이런 게 안돼서 글씨를 못 쓴 거죠. 그래서 그때는 심리 상담만 받고 조금씩 괜찮아지길 바랐는데, 초등학교 2학년에 직격타를 맞았어요.

담임 선생님하고 너무 맞지 않아 고결은 괴로워했다. 자폐 스펙트럼이 있는 고결에게 담임 교사는 상상 이상으로 중요하다. 교사가 자폐 스펙트럼을 알고 지지하는지, 장애를 보는 관점이 어떤지, 고결이 하는 행동에 어떻게 반응하는지가 중요하기 때문이다.

(자폐인 보호자 정보 공유) 카페에 많더라고요. 뒤에서 엄마가 있는지 모르고 '피곤하게 가뜩이나 하나하나 케어하

기 힘든데 왜 저런 아이가 자기 반에 배정이 되었느냐'며 선생님들이 대화하는 내용이 오픈되고 그러다 보니까 엄청 신경 써요.

자폐 아동은 환경에 민감한 편이다. 자기가 놓인 상황에서 편안함을 느끼게 해줘야 한다. 이 과정은 현실적으로 교사의 개성과 역량에 의지할 수밖에 없다. 재은은 고결이 초등학교에 입학할 때부터 걱정을 많이 했다. 그래서 일을 1년 쉬었다. 고결은 자기가 겪은 일을 말하지 않는 아이라 더 그랬다. 무슨 일이 있어도 고결은 '좋았어', '나쁘지 않았어', '괜찮아', '그냥 그래' 같은 말만 했다.

대화의 흐름에 끼지 못하는 것 같아요. 언어 소통에 어려움을 겪고 있거든요. 임상 실험 같은 거에 참여했기 때문에 약을 자주 바꿨는데, 약에 따라 부작용이 다 있어요. 살이 찐다거나 손에 열감이 많아서 지금도 보면 많이 벗겨지고 그래요. 약을 끊었는데도 발의 열감 통증 때문에 걷는 걸 되게 싫어하거나 하는 일이 많아요.

재은은 병원에서 진행하는 임상 실험에 적극 참여했다. 형편이 넉넉하지 못하지만 치료할 기회를 자주 얻고 싶었다. 임상 실험에 참여하면 현물은 주지 않아도 치료 상담 10회 쿠폰 같은 혜택이 있다. 교수나 간호사를 비롯한 전문 인력을 만나 인맥도 넓히고 교육 문제에 도움을 받을 때도 많다. 그렇지만 고결이 중학교 3학년이 되기 직전에는 치료를 다 그만뒀다. 고결이 지친 때문이었다.

이 아이를 잘 아는 사람이 없고, 할머니(외할머니)가 잘 케어해주고 삼촌(외삼촌)이 잘 해주지만, 이 아이의 병과 직결된 생활 패턴 같은 건 하나하나 이해 못 해요. 저는 힘든 거보다 빨리 조금이라도 또래 아이들하고 평범하게 지낼 수 있게, 혼자 밥 벌어먹을 수 있는 상태는 만들어줘야 되지 않나 이런 생각에 힘든 건 없던 거 같아요. 힘들었다는 생각도 단 한 번도 해본 적이 없어요.

재은은 학습보다는 기능 교육에 몰두했다. 지금 일하는 직장에 입사할 때도 중간중간 나가야 하는 개인 사정을 이야기했다. 원래는 자영업 일만 해서 주말에 쉬지 못했다. 주말에 밖에 나가지 못해 힘들어하는 고결을 보고 주말에 쉴 수 있는 직장을 다니게 됐다. 한부모 급여와 주거 급여로 월 50여 만 원을 받지만 역부족이다. 고결이 정신과 전문의 상담도 하고 상담 센터에서 놀이 치료나 감각 통합 치료도 받기 때문이다.

웬만하면 예전에도 등교를 시키고 출근을 했고. 정 안 되면 할머니에게 부탁을 하거나 하고. 고결이 자는 시간에 아홉 시 이후에 대리운전도 해봤고. 아는 언니 가게에서 서빙도 하고요. 별의별 것 다 했죠. 집에는 새벽에 들어오거나요. 솔직히 어제저녁에도 알바를 갔어요. 오늘 아침에 고결이 딱 일어나는 시간인 일곱 시 반 되기 전에 집에 들어왔어요. 첫차 타고 와 가지고.

재은은 고결하고 함께 등교를 하고 출근을 했다. 고결이 잠을 자면 가끔 아르바이트를 하러 갔다. 직장 생활을 하면서 아르바이트를 했다. 인터뷰하는 날은 휴가였다. 오전에는 쉴 수 있어서 새벽에 아르바이트를 했다. 고결이 잠자는 시간에도 재은은 깨어 있었다. 고결이 나라에서 정한 장애 기준에 맞지 않아 정부 지원은 폭넓게 받지 못했다. 스펙트럼은 어디에 속하기 힘들다는 뜻이기 때문이다. 그래서 받지 못한 지원이 있었다. 게다가 많은 사례에서 고결이 받을 수 있는 복지는 기한이 정해지고 기준도 명확했다. '우리아이심리지원' 프로그램이 있다. 심리와 행동에 어려움이 있는 아동 청소년을 지원하는 서비스로, 판정 등급에 따라 지원받는 금액이 다르다. 가장 높은 등급이어도 월 16만 원을 12개월간(다시 판정받아 연장하면 최장 24개월)만 받을 수 있다. 매일 돌봄 공백을 채우는 엄마가 지금의 삶을 유지할 수 있다고 생각하는지 물었다.

> 그래서 좀 불안하기는 해요. 나이가 어리지만 어쨌든 마흔 살이 넘어가면서 작년에 수술도 좀 하고 이랬었거든요. 그게 겁이 나는 거예요. '어, 아프면 어떻게 하지', '아프면 안 되는데'. 몸이 너무 안 좋아서 요즘도 그런 걱정은 해요. 제가 괜찮아야 얘를 데리고 다니거나 하는데, 조금 그런 게…….

호르몬 치료를 받은 재은은 체중이 많이 늘었다. 하루쉴까 하는 생각이 점점 늘었다. 다행스럽게도 외삼촌이 고결하고 함께 캠핑을 가고는 해서 돌봄 부담을 덜어준다. 얼마 전에는 목, 금, 토, 일, 나흘간 남자 둘이서 향토순례를 다녀왔다. 그렇지만 고결이 돌봄을 받는 만큼 재은도 돌봄이 필요했다. 센터 알아보기, 센터 연락하기, 대기하기, 상담 알아보기, 진료받을 때 대기하기, 임상 실험 알아보기, 의사 만나 대화하기를 아우르는 오랜 돌봄 과정은 저절로 되는 일이 아니었다.

　지금 솔직히 말하면 한계치인 거죠, 이제. 몸도 아프고요. 저도 약을 먹는데. 고결이가 병원이나 정신과에서 주기적으로 검사를 해야 하는데, 꼭 보호자 동반 검사예요. 그러면 속일 수가 없는 게 '우울감이 높으며' 이렇게 나와요, 항상. 내재되어 있는 이혼과 결혼의 실패, 강박이 쌓여 있다가…….

　재은은 고결을 사랑했지만, 돌보는 일은 사랑만으로 장기 지속할 수 없었다. 재은은 누구보다 열심히 돌보고 공부했다. 갖가지 자료와 기록지를 읽었다. 단순 비유가 아니라 문자 그대로 전문가였다. 그렇지만 한계가 왔다. 고결이 더 나아지지 않은 탓이 아니라 돌봄이란 유한한 인간이 하는 일이기 때문이었다.

　힘들지 않다고 말했잖아요. 힘든 줄 몰랐던 거지, 내 새끼니까. 당연히 해야 되고 '제발 사람답게만 좀 커다오'가 컸어요. 계산대 앞에 가서 '이거 주세요'를 말하도록 교육시키는 게 삼사 년 정도 걸렸거든요. 4학년 때부터 교육시켰어요. 국수 사 와, 콜라 사 와, 커피 사 와, 그 심부름 계속 시켰어요. 말 안 하고 집어 오고 그랬어요. 그래서 현금을 주고 돈을 바꿔 오라고 미션을 줬지만, 미션을 안 하고 되게 많이 실패를 한 거죠. 저는 바라는 건 '뭐 주세요', '배고파요', '저 지금 화장실 가고 싶어요' 하는 거예요. 이게 그때 당시에는 정말 필요했던 거죠. 그런 의사 표현만 제대로 할 수 있는 아이가 되게 하려고 처음에는 치료를 한 거였어요.

얽혀 있는 돌봄

다행히 재은은 돕는 사람들이 있었다. 바로 가족이다. 나이 차가 많이 나는 남동생이 둘 있다. 이 동생들이 재은을 돕는다.

남동생들이 같이 양육했다고 봐도 돼요. 도움을 많이 받고 있어요. 경제적으로도 도움 돼요. 이제는 다 서른이 넘어서 자리를 어느 정도 잡고 있어서 돈벌이가 꽤 괜찮아요. 용돈도 많이 주고, 고결이 옷도 주고요. 고결이가 요즘 축구에 미쳐 가지고 좋아하는 옷 가격이 30만 원 넘더라고요. 외삼촌들이 옷도 사주고 이러니까 고맙죠. 저는 절대 못 사주죠. 안 사주기도 하지만.

재은이 말한 돌봄 관계망은 흥미로웠다. 재은은 15살 차이가 나는 동생들을 오래전에 돌봤다. 미술 숙제, 수학 숙제, 방학 숙제를 챙겼다. 이제는 동생들이 재은이 낳은 아들을 돌본다. 재은이 조카들을 돌볼 때도 있다. 재은의 엄마(고결 외할머니)는 고결을 돌보고, 재은의 동생들은 엄마와 재은이 휴식할 수 있게 고결을 돌봤다.

평상시에는 저, 고결이, 조카들. 얘네도 체험 학습 쓰고 한 차에 자식들 다 같이 가. 그래야 할머니도 좀 쉬고 그런대서. 고결이가 예전부터, 유치원 생활할 때부터 외동아들처럼 하는 행동은 없었어요. 동생들이 있으니까, 챙겨줄 줄 알고 약간 그런 게 필요해서 일부러 처음에는 같이 다녔죠. 그래서 남동생이 여기로 이사를 온 거예요. 그러다가 조카들이 크니까, 학교 갈 나이가 되니까 저한테 케어를 부탁하고, 엄마한테도 케어도 부탁하니까, 앞 동 뒷 동 사는데, 지금 고결이랑 정말 형제처럼 뒹굴어요. 고결이는 자기 소유욕이 강해서 강박처럼 나열하고 숨기는 걸 좋아하거든요. 그런데 조카들이 형아만 학교 갔다 오면 가방 뒤져 보고, 형아 씻고 있는데 몰래 간식 훔쳐 먹고. 거기서 싸우면서 배우는 것도 커서 저 다 내비둬요.

재은에게는 돌봄을 나누는 형제들이 있었다. 돌보고 돌봄 받는 삶. 멋지게 느껴졌다. 오죽하면 말이 별로 없는 고결이 동생들에게 집에 좀 가라고 성화를 내기도 했다. 재은은 자기가 준 정도보다 더 많이 받고 있다며 순환하는 돌봄에 감사했다. 그런데도 가족들이 완벽할 수는 없었다. 가족들하고 나누기는 해도 근본적인 돌봄은 자기 몫이라고 재은은 생각했다. 돌봄은 혼자 하는 일이라는 뜻이 아니라, 자기 전문 영역은 자기가 하지만 나눌 부분은 나눠야 한다는 말이었다. 돌봄 몫 나누기는 나눗셈이 아니었다. 돌봄 안에는 어려움과 갈등도 있었다.

부딪치는 것도 있어요. 고결이를 동생 집에 데리고 갔는데, 고결이한테 잔소리를 해. 그래서 얘기 좀 따로 하면서 사실 고결이는 이런 부분은 이해해주고 다른 부분은 이런 방식으로 이야기했으면 좋겠다고 말은 해요. 그래도 잊어버려요. 고결이가 겉으로는 멀쩡해 보이니까요. 그러면 고결이는 또 스트레스 받고. 방에서 아무것도 안 하고. 그런 걸로도 또 같이 안 가는 경우도 더러 있기도 하고, 너무 많이 모이고 너무 정신없으면 아이가 힘들어하기도 하고.

돌봄은 순탄치 않았다. 고결도 힘들거나 혼자 있고 싶

은 날이 있을 수밖에 없었다. 삼촌들이 건넨 돌봄은 선의였지만, 모자란 구석도 있었다. 돌봄이 삶의 조건이라는 말로는 위태롭고 불편할지도 모를, 돌봄이 경합하는 상황을 모두 설명할 수 없었다. 그래도 형제들 덕분에 재은은 숨 쉴 수 있었다. 또 다른 숨 쉴 구멍이 궁금했다.

교회요. 금요 철야 예배, 제일 좋아해요. 일반 예배도 있지만, 철야는 정말 저만의 시간이잖아요. 소리도 질렀다가, 노래도 크게 불렀다가, 울었다가, 웃었다가. 그게 유일하게 뭔가 편안한 방법.

7장

두 세계에서 살기

조현 정동 장애를 지닌 딸을 돌보는 여성

장애인 돌보는 일에 늘 관심을 둔 편이다. 장애가 있는 어린이와 보호자가 함께 다니는 모습을 교사로 일하면서 많이 본 때문이다. 돌보는 엄마들이 어려움을 겪는 상황을 곁에서 지켜봤고, 종종 이야기를 나눴다.

특수 교사가 조현병이라고 추측하는 학생을 맡은 적이 있다. 이 학생의 엄마는 학교에 자주 소환됐고, 다른 보호자들과 학교 사이에서 어려움을 많이 겪었다. 섣부른 진단이 위험하다는 정도는 안다. 그렇지만 이 학생은 환각을 봤고, 환청을 들었다. 나한테 위협적인 말과 행동을 하기도 했다. 무섭거나 공포를 느끼지는 않았지만, 어떤 돌봄과 대처가 적절한지 고민했다. 이 학생이 다른 학생하고 갈등을 일으킨 때나 혼자서 스트레스를 받는 상황일 때 교사로서 대처가 어려운 순간이 많았다. 나는 납득할 만한 설명을 할 수 없어서 다른 학생들에게는 서로 부딪히지 말라는 정도만 지도했다.

조현병은 망상, 환청, 부서진 언어, 정서적 둔감 같은 증상에 더해 사회적 어려움을 발생시킬 수 있는 정신 질환이다.* 그래서 조현병 있는 자녀를 돌보는 어머니의 경험과 인식은 좀 다르리라고 생각했다. 어렵게 연이 닿은 주언(가명)은 조현 정동 장애가 있는 딸을 돌본다. 조현 정동 장애는 조현병 증상에 더해 조증과 우울증을 오가는 기분 관련 증상이 있는 상태를 말한다.**

주언은 딸만 둘이다. 첫째 딸은 조현 정동 장애로 진단받은 경주(가명)이고, 둘째 딸은 비장애인이다. 주언은 이른바 명문대를 졸업하고 대기업에 입사했다. 남편은 입사 동기였고, 긴 연애 끝에 결혼했다. 주언은 아이를 낳고서 휴직과 복직을 반복하다가 육아에 집중하려고 퇴직했다. 남편이 임원까지 승진 가도를 달린 덕분에 서울에서 외벌이로 두 자녀를 키웠다. 그러던 어느 날 탈선이 일

---

* 　서울대학교병원 'N의학정보'의 '조현병' 항목 참고(www.snuh.org).

** 'MSD 매뉴얼' 참고(www.msdmanuals.com/ko-kr).

어났다. 중학교 3학년을 다니던 경주가 조현 정동 장애를 진단받았다. 그때부터 주언은 삶이 달라졌다.

발병, 진단, 소진

주언이 처음으로 약간 이상하다고 느낀 일이 있었다. 경주가 초등학교 5학년 때였다.

저희 아이 초등학교 5학년 때, 저도 굉장히 놀랐던 게 학교를 안 간대요. 그 전날까지만 해도 그냥 잘 갔다 왔다 이랬는데 갑자기 이상한 데 집착을 하더라고요. 그리고 죽는다 그래서. 자살 시도까지는 아니지만, 초등학교 5학년 정도면 자살 시도를 할 정도의 정보도 없었고 그랬겠지만, 너무 놀라 가지고 담임 선생님에게 의논을 드렸죠. 학교에서는 전혀 그런 에피소드가 없었다고 그래서 알아보다가 나중에 상담 센터에 갔었어요. 그랬더니 단순하게 사회성이 떨어지고 사춘기가 온 거 같다 해서 2년 동안 상담을 받았어요.

상담을 2년 받으니 상태가 꽤 좋아졌다. 등교도 하고 공부도 했다. 특목고를 간다며 공부해서 성적도 잘 나왔

다. 중학교 2학년 때 가장 친한 친구가 유학을 떠났다. 그
날이 시작이었다. 경주는 책가방을 챙겨오더니 방으로 들
어갔고, 꼬박 6개월을 밖에 나오지 않았다.

다른 아이들이 자기를 욕한다고 했어요. 진짜 욕하는 사람
은 아무도 없었어요. '학교에 가면은 나를 해코지할 거 같
다', '나는 학교만 발을 들이면 돌아버릴 것 같다' 이러면서
아예 문을 닫고 들어가버리더라고요. 그 이후로 중학교 2
학년, 제가 날짜도 기억하는데, 그 날짜 이후로 아예 그냥
학교에 안 갔어요. 그때는 망상이나 이런 거라 생각을 못
했죠. '쟤가 나를 때리려고 그런다', '쟤가 나를 꼬셔 가지고
다시 데려가서 왕따를 시키려고 한다' 이런 식으로 받아들
이더라고요. 아무리 옆에서 아니다 아니다 이야기를 해도
이게 벽을 친 거 같은 느낌이랄까요.

조현병에는 음성 증상(negative symptom)이 있다.[*]
환청이나 망상 같은 양성 증상(positive symptom)에 견
줘 사회적 기능이 감소하면서 나타나는 증상이다. 경주가
은둔하려는 모습이 조현병 음성 증성이 아닐까 하고 내가
조심스레 추측하자 주언도 동의했다. 그렇지만 그때는 몰
랐다. 오죽하면 남편이 딸보다 엄마가 더 이상해지겠다고

할 정도로 주언은 울고불고 난리를 쳤다. 정신과, 상담소, 유학, 대안 학교까지 뭐든 해보자고 했지만, '아예 티끌만큼도' 안 들어갔다.

정말 6개월 되니까 이제는 더 이상 참을 수가 없는 수준이 된 거예요. 그래서 저도 그때는 사실 약간 우울증이 와서 정신과에 갔더니 그러더라고요. 이거는 사춘기 아니다. 의사가 상황을 들으시더니, 이거는 조기정신증이다,** 조울이나 중증 우울이 의심된다, 무조건 끌고 가라 그래서 업고라도 강제적으로 끌고 갔고, 거의 너 죽고 나 죽자 하는 식으로 해서 정말 6개월 만에 병원에 갔어요.

강제로 병원에는 데려갔지만, 경주는 진료실에서 입을 닫았다. 1차 병원과 2차 병원에서 모두 우울증을 진단

---

* "주로 정신과적 질환, 특히 조현병에서 양성 증상에 대응해 사용하는 용어로, 건강한 사람에게 정상적으로 나타나야 할 증상이 나타나지 않는 것을 말합니다. 사회적인 위축, 언어의 와해 및 감소, 주변에 대한 무관심, 무감동 등의 증상이 이에 해당합니다"(서울아산병원 홈페이지 '건강 정보' 중 '알기 쉬운 의학 용어'(www.amc.seoul.kr)).

** "약 15세~30세 사이의 젊은 사람들(청소년 또는 젊은 성인)로, 뚜렷한 정신병적 증상이 드러나기 이전의 상태(전구기)를 포함하여 뚜렷한 증상이 발현된 시점부터 최대 5년까지의 시기를 말합니다"(경기도정신건강복지센터(www.mentalhealth.or.kr) '정신건강 정보·통계'의 '조기정신증').

했다. 병원을 바꾸면서 우울증 약이 늘어나도 효과는 없었다. 약을 먹으면 우울증은 줄지만 조증이 '확 떴다.' 그럴 때는 스스로 대안 학교에 가겠다거나 유학을 보내달라고 했다. 주언은 경주가 나아진 줄 알고 대안 학교를 찾아 등록했다. 입학금은 700만 원에서 1000만 원 선이었고, 한 달에 거의 200만 원이 들었다. 그렇게 등록한 학교에서 경주는 일주일도 못 버티고 나왔다. 환불도 받지 못했다. 주언은 앉은 자리에서 1000만 원을 날리는 일을 비슷하게 세 번 겪었다. 경주가 외제 차 한 대 값은 말아먹은 셈이라고 농담을 섞어 말했다.

대부분의 조증이 올라오면은요, 청소년은 폭력성이 심해져요. 특히 부모한테 모든 원망이 오기 때문에 집어 던지고 그래서 경찰도 몇 번 왔죠. 여자 아이임에도 불구하고 날뛰기 때문에 괴력이구나 싶을 정도로 집 안에 모든 걸 다 깨부셔요. 그래서 아빠가 얘를 좀 진정을 시키려고 그만 좀 하라고 잡았거든요. 잡고 팔을 한 대 때렸는데, 경주가 아동 학대로 신고해서 경찰이 왔어요. 문제는 아동 학대가 들어갔으니까 우선은 조사를 해야 된대요. 그래서 애 아빠가 조사를 받기도 했죠. 결국은 3차 병원(대학 병원급)에 갔어요. 3차에서 딱 히스토리를 보더니 '얘는 양극성 정동 장애이고 아마 조현 정동 장애까지 있는 거 같다' 그래서, 3차 병원에서 바로 입원을 했어요.

대학 병원에 와서야 조현 정동 장애를 진단받았다. 진단은 진단으로 끝나지 않았다. 새로운 시작이었다. 주언은 우리 사회에서 경주가 한 명의 성원으로 제 몫을 할 수 있도록 교육에 신경 썼다. 정보를 주는 사람은 아무도 없었다. 인터넷을 이 잡듯이 뒤져서 서울에 있는 정신건강센터에서 여는 학교를 알아냈다. 동아줄 잡는 심정으로 전화를 하니 예산이 부족해 작년에 문을 닫은 소식을 들어야 했다. 주언은 갈 데가 없다고 생각했다. 아침에 일어나서 어딘가를 가는 '루틴'이 깨지는 상황은 조현, 우울, 중증 우울 환자에게 좋지 않다. 그렇지만 조현병 환자의 루틴을 잡아줄 기관은 많지 않았다.

다행히 '학교밖청소년지원센터 꿈드림'을 알게 돼 경주를 맡길 수 있었다. 그런데 꿈드림은 교육 참여를 강제로 유도하지는 않아서 루틴을 만들기가 어려웠다. 센터가 아니라 의료 시설에 맡긴 적도 있다. 대학 병원에 두 번 장기 입원을 했다. 큰 도움이 됐다. 소아 청소년 전문 병동이라 간호사와 주치의가 돌보고 학습 지도도 하는 곳이었다. 한국에서 정신적 문제로 힘들어하는 청소년이 갈 수 있는 전문 병원은 손에 꼽을 정도로 적다. 이곳도 대기 기간이 4개월 넘는다는 소문이 있다. '네 달이면 뭔 일이 나도 날 수 있는 기간'이었다. 그래도 주언은 남편이 직장에서 받는 자녀 병원비 지원 덕분에 한숨 돌렸다. 한 달 입원비가 300만 원가량인데 보통 두 달을 입원하니 한 번에 약 600만 원이 들었다. 자원이 있는 가족이지만 힘은 들었다. 자원이 없어서 집에서 돌봐야 하거나 가까운 재활 시설이 없는 곳에서는 다른 이야기가 펼쳐진다. 가족들이 조현병을 받아들이는 단계는 또 다른 관문이었다.

거의 대부분 그래요. 솔직히 제가 말씀드리면요, 애들 아빠는 지금까지도 못 받아들여요. 그리고 아이의 할머니랑 할아버지는 멀쩡한 애 약 먹인다 하셔서 조부모님들하고도 연락도 못 했어요. 이 말은 겪어보신 분들은 아실 거예요. 굉장히 독실한 천주교 신자신데 굿을 하러 가자, 그럴 리가 없다, 이 정도까지 되면 굿을 하러 가자, 기도원에 한번 들어가보자고 하는 경우도 있고요.

이른 인정과 이른 의료적 개입이 더 나은 예후를 보장하는 길로 보였지만, 당사자로서 자녀가 조현병에 걸린 사실을 인정하기란 쉽지 않았다. 게다가 청소년기 조현병은 진단하기 매우 어렵다. 겉으로 보이는 증세가 복잡하고 다양하기 때문이다.

처음에는 대부분 애들이 갑자기 조현이 확 나오고 이런 걸로 시작 안 해요. 대부분 학교 안 간다, 학교 조퇴한다, 친구가 싫다, 학원 안 간다, 늘어진다, 이런 식으로 하다가, 내버려두면 환청이 들린다, 갑자기 내가 뭘 해야 되겠다 이런 식으로 튀어 나가고, 이성 관계 문란해지고, 남자애들은 게임에 현질*하느라 몇 백만 원씩 쓰고, 이런 식으로 조금씩 나타나거든요.

경주를 담당한 대학 병원 의사는 소아 청소년은 정신 질환을 진단하기가 원래 어렵다고 했다. 학교도 학생 상태를 파악하기 어렵고 교내 상담실도 마찬가지였다. 조기 개입은 확실한 효과가 있다. 그렇지만 주언은 조기 진단이 힘들고, 진단을 받아도 당사자가 수긍하지 않고, 수긍을 해도 약을 먹다가 마는 사례가 흔하다고 했다.

조현병 가족들은 힘들다. 일상에서 정신 질환자들의 폭력성과 폭력을 참고 견디기가 너무 어렵기 때문이다.

~~~~~~~

* 현금을 게임에 투입하는 일.

절대 남의 말을 안 듣고 부모가 원수가 되는 경우가 80퍼센트예요. 부모가 치료를 중간에 포기해버려요. 저희 아이 입원했을 때, 엄마 팔을 부러트린 애도 보고 아빠한테 골프채 휘두른 애도 보고 그렇기 때문에 …… 제 생각에는 부모도 어지간히 당했을 거예요. 그래서 치료를 포기해버렸을 텐데요.

주언은 조현병 있는 범죄자가 저지른 행동은 분명히 잘못이고, 범죄자를 처벌해야 한다는 데 이견이 없었다. 경험에 바탕해 범죄자들이 거쳐온 삶의 과정을 이해했다. 주언은 정신 질환자가 성장하는 동안 부모는 많은 시간을 견뎌야 한다고 했다. 왜 부모는 다 견뎌야 할까?

조기현이 쓴 책 《아빠의 아빠가 됐다》는 초로기 치매(인지증)를 앓는 아버지를 9년 동안 돌본 이야기다. 편집자가 원래 생각한 제목은 '나는 효자가 아니라 시민이다'였다. 효자가 아니라 시민으로서 아버지를 돌본다는 뜻이다. 딸을 돌보는 일은 엄마로서 해야 할 몫이지만 한 시민으로서 다른 시민을 돌보는 일도 돼야 했다. 힘들 때는 쉬고, 원하면 안 하는 날도 있어야 한다.

비현실적인 이야기일까? 정신 재활 시설 중에는 주간 재활 시설이 있다. 주간 재활 시설은 낮 시간에 정신 질환자들이 갈 수 있는 곳이면서 재활을 하는 시설이다. 정신 질환자가 재활 시설을 이용하면 가족들은 돌봄 부담이 줄 어든다. 그렇지만 여전히 정신 질환자가 갈 수 있는 지역 사회 재활 인프라는 부족하다. 그래서 보호자이자 주 돌 봄 제공자인 엄마는 괴롭다.

> 저도 요즘 (우울, 조울, 조현 환우 온라인 커뮤니티인) 카 페에 들어가면 엄마들이 글을 자주 올려요. '죽겠습니다. 우 리 아이가 석 달째 학교를 안 가고 틀어박혀 있어요' 하고 나오는데, 저는 속으로 그래요. 답글을 달아줄까 하다가 어 쩔 땐 달고 어떨 땐 안 다는데, '저 좀 살려주세요' 하는데, '엄마 정신 차리세요. 엄마가 살아야 됩니다'라고 달아요.

돌보는 사람이 맞닥트리는 소진은 어제오늘 일이 아 니다. 조현병 자녀를 돌보는 엄마들 중에는 항우울제를 먹으며 버티는 사람도 있다.

정신 질환자를 돌보는 엄마가 쓴 글을 찾다가 조현병 있는 청소년 아들을 둔 엄마가 쓴 책을 읽었다.[*] 이 엄마

---

[*] Linda Snow-Griffin, *Hope and Learning: Our Journey with Schizophrenia*, London: Cherish Editions, 2021.

는 임상 심리학 박사로 전문성을 갖춘 사람인데도 조현병이 발병한 원인을 자기한테서 찾으려 했다. 자기가 잘못한 일이 있는지 끊임없이 되물으며 '엄마의 죄책감'을 탐구했다. 주언도 비슷한 경험을 했다.

저도 그래서 조부모님하고 안 좋았던 게, 아이 어릴 때 직장에 다녔어요. 아이 어린이 유치원을 일찍 보냈거든요. 애 봐줄 사람이 없고 그래서요. 아이의 발병 원인이 내가 회사를 일찍 다녀서 애착 장애가 생겨서 그렇다는 식으로 말씀하셨어요. 예전에 자폐가 그랬던 거잖아요. 엄마가 '콜드 마더'*라던가. 그런데 지금은 아닌 거 알 듯이요. 그래서 이런 조울이나 조현이면은 '애가 엄마하고 애착이 없었던 게 아니냐'고, 모르는 사람은 그거로 먼저 들어와요.

갈 데가 있다면

조현 정동 장애는 약을 먹는다고 증세가 완전히 사라

~~~~~~~~~~

* 냉담한 엄마를 둔 아이에게 자폐가 생긴다는 '냉장고 엄마' 이론을 뜻한다. 과학적 근거가 없어 퇴출됐다.

지지 않는다. 파고가 조금 줄 뿐이다. 우울, 감정 기복, 가벼운 강박과 불안은 계속 나타난다. 그래서 학업을 마치기 어려웠다.

> 최소한의 어거지로라도 학업은 마쳐야 해요. 그래야 얘가 나중에 성인이 되어서라도, 막말로 아르바이트를 하던 경제적으로 독립을 하던 할 수 있거든요. 엄마가 끌고 밀고 해 가지고 살짝의 강제도 해 가면서 학업은 마치게 해야 돼요. 그리고 학업을 마친 애들과 학업을 마치지 않은 애들이 성인이 돼서 경과가 너무 달라요.

정신 질환자의 삶에서 학업은 때로는 안전망이 된다. 이미 취약한 딸에게 졸업장이 필요했다. 학업도 사람 몸 상태에 따라 가능한 정도가 다르다. 건강한 몸을 기준으로 삼은 학업 과정에 맞지 않는 몸이 있다. 암이나 백혈병 환자는 건강 장애에 속하는데, 건강 장애 학생들은 하루에 한두 시간 원격 수업을 수강해서 정규 수업 출석을 인정받기도 한다.* 아동 청소년 정신 질환 학생이나 정신적

---

* 꿈사랑학교 '이용안내' 참고(www.nanura.org/kor/guide/useGuide.html).

어려움을 겪는 학생들에게도 필요한 방식이다. 아동 청소년 정신 질환자를 끌어주지 않으면 부메랑이 돼 사회로 돌아오기 때문에 교육 접근성을 꼭 확대해야 한다.

주언은 딸을 계속 돌봤다. 딸이 성인이 될 때까지 혼자서 돌봤다. 고통스러운 날들도 있었다.

어쩔 수 없는 거죠. 저도 솔직히 죽겠어서 상담도 다니고 그랬는데, 애가 조울, 조현이래서 너무나 힘들다 그랬더니 그게 어떤 병인지 이해하는 상담사 자체도 없어요. 애는 미쳐서 날뛰는데 엄마한테 '아이를 사랑해주고', '손을 잡아주고' 그래서 저도 그냥 말았어요. 저도 남편하고 사이가 여태까진 굉장히 좋았었거든요. 저희 인생은 탄탄대로였어요. 남들이 알아주는 직장도 들어가고, 진급 다하고. 갑자기 어느 순간에 이렇게 무너지다 보니까 둘 다 정신을 못 차리는 거죠. 그래 가지고 갈등이 일어나는 거죠. 남편은 예민해져 가지고 나중에 정말 많이 싸웠거든요. 실제로 보면은 무너진 가정도 많아요.

주언은 경주가 자퇴하고 나서 금방 학교로 돌아갈 줄 알았다. 그렇지만 진단을 받고 7년이 흘렀다. "이런 삶을 살지 미리 알았다면 어디 뛰어들 수도 있었죠." 반은 농담으로 말했지만, 주언은 돌봄을 놓지 않았다. 인터넷 카페에서 한 조현병 가족이 자기 삶을 '끝없는 터널'에 비유한 글을 봤다. 그렇지만 터널은 캄캄한 동굴이 아니다. 졸음 운전을 방지하려는 사이렌도 있고 대피용 비상구도 있다. 터널을 지나는 정신 질환자 가족에게도 사이렌과 비상구가 필요했다.

가족 이야기

주언은 둘째 딸이 있다. 비장애인이다. '비장애 형제'는 요즘 더 넓어진다. 장애인의 형제로 산 경험을 드러내려는 시도다. 비장애 형제들은 '착한' 아이가 되라는 요구, 장애인 형제를 돌보며 보호자가 되는 경험, 돌봄받는 일에서 뒷전으로 밀리는 경험을 이야기한다. 비장애 형제 자조 모임 '나는'이 쓴 책 《'나는' 괜찮지 않아도 괜찮아》에 추천사를 실은 김원영은 비장애 형제들이 겪는 '감당하는 것이 정당하다고 여겨지는 소외'를 '정당한 소외'로 명명했다. 이 '정당한 소외'가 뭔지 묻고 싶었다.

둘째 딸은 고등학생이다. 주언은 둘째 딸에게 인터뷰를 한다고 했다. 궁금해서 인터뷰 질문지를 보여줬다.

질문지를 본 둘째가 말했다. "엄마, 내가 가야 돼 이건."

둘째가 초등학교 5학년 때 첫째가 발병했어요. 저희 둘째에게는 많이 미안한 게, 밖에 경찰 오고 폭력 난동 하고 있는데, 저희 아이는 이불 뒤집어쓰고 강아지 끌어안고 울고 있고. 큰애가 수학 과외 받는 작은애에게 폭력을 가하고. 큰애가 둘째 아이 방에 들어와서 책을 다 내던지고 '나는 공부 못 하는데 너는 뭔 공부를 하냐'고, '니가 나보다 잘 되는 꼴은 못 본다'부터 시작해서 '나는 이런 병에 걸렸는데 왜 쟤는 멀쩡하냐. 나만 저주받은 유전자다'고 했었죠. 지금도 둘째에게 이야기하는 게, 대학교 가면 무조건 너 독립시켜주겠다. 언니는 신경 쓰지 말아라, 무조건 엄마가 책임질 테니까 대학 들어가면은 너 하고 싶은 거 하고 살라고 했어요.

둘째 딸은 자기만의 슬픔이 있었다. 주언은 둘째가 애 어른이라고 했다. 자기도 평범한 가정에서 한번 살아보고 싶다는 말을 하는 아이였다. 주언은 큰딸이 조현 정동 장애라는 사실을 친구, 지인, 친척을 포함해 아무에게도 말하지 않았다. 엄마만 모든 책임을 졌다. 책임에는 두 딸의 동선과 관계를 신경 쓰는 일도 포함된다. 누군가 책임질 테니 당신은 당신이 살고 싶은 대로 살라는 말을 듣고 싶지 않냐고 물었다. 당연하다는 대답이 돌아왔다. 경주가 발병하기 전에는 남편이 은퇴하면 치앙마이에 가서 한 달을 살 계획도 짰지만, 지금은 가능한 일이 아니었다.

둘째 딸은 친구들을 집에 데려와 놀기를 좋아하는 아이였는데, 언니가 발병한 뒤에는 한 번도 그렇게 하지 못했다. 5학년 초에 한 파자마 파티가 끝이었다. 주언네 집에는 두 가족이 있었다. 조현 정동 장애가 있는 딸을 둔 엄마와 아빠, 비장애인 딸하고 함께 사는 엄마와 아빠. 주언은 두 가족을 모두 돌봤다.

큰아이는 폐쇄 병동에 입원했는데. 둘째 아이 친구 엄마들 부모 모임에 가서는 학원 이야기를 하는데, 속에서는 열불이 나죠. 전화는 계속 폐쇄 병동에서 오고 있는데 영어 학원이 어쩌고 하는 이유가, 제가 이렇게 해줘야 둘째가 팀 수업도 좀 끼고 하거든요. 근데 그 과정이 힘들었는데, 둘째가 없었다면 저는 무너졌어요.

주언과 둘째는 '영혼의 동반자'였다. 함께 어려움을 지나왔다. 주언은 첫째와 둘째를 분리하려 애썼다. 둘째가 양가감정을 느끼지 않기를 바랐다. 언니가 아프니 이해하라고 하지 않았다. 못된 엄마로 보더라도 언니는 엄마와 아빠가 책임진다고 했다. 너는 네 인생을 살라고 했다.

나는 두 가족일 뿐 아니라 두 세계가 보였다. 주언에게 두 세계를 사는 듯하다고 했다. 오전에는 둘째 딸 합창 공연을 보고 둘째 딸 학교 선생님들을 만나며 엄마 노릇을 하고, 오후에는 경주가 머무는 폐쇄 병동에 가서 주치의를 만나니 말이다. 주언도 두 세계를 살고 있다고 수긍했다. 그런 주언은 자기를 돌보라는 조언도 종종 들었다.

그 조언을 많이 들었어요. 아이 발병하고 별거 다 해봤어요. 배우는 걸 좋아하거든요. 일본어 공부해 가지고 일본어 능력시험 2급까지 따보고, 피아노도 배워보고 해봤는데, 100퍼센트 몰입은 못 하는 게, 왜냐하면 하고 있으면 또 애한테 전화 오거든요. 그러니까 이게 도피 수단이라기보다는 그냥 시간을 보냈었던 것 같아요. 마음속에는 돌덩이죠.

저 마음속에 르네 마그리트가 그린 〈피레네의 성〉 속 돌덩이가 있다고 상상했다.

두 세계의 삶을 살고 있다는 게 웃긴 게, 일본어 배운다고 하면 회화도 '자녀들은 뭐 하세요?' 하면 '저희 아이들은 고등학교예요' 이런 식이에요. '모레 수능을 봐요'라고 말했는데, 다 거짓말이죠. 음악을 배우러 갔는데, '왜 배우세요' 하는데 '애 대학 보내고 시간이 남아서요', '취미 생활하려고요', 뭐 이런 식으로죠.

주언은 진실을 말할 수 없었다. 모임에서 큰딸 이야기를 하면 분위기에 찬물을 끼얹었을 수도 있었다. 비슷한 처지인 엄마들 자조 모임은 없었고, 그나마 인터넷 카페에 올라온 글을 읽을 뿐이었다. 조현병 있는 자녀를 둔 엄마들은 발병 사실이 알려지는 상황을 극도로 꺼린다고 주언은 안타까워했다. 적어도 발병 뒤 3년은 방황한다고 말했다. 제정신이 아니라고 보면 된다고 했다. 나는 증상, 사회적 낙인, 부족한 사회 기반이 엮여서 제정신이 아니라고 이해했다.

경주는 청소년 시기에 기댈 만한 사회적 기반이 적어서 힘들었다. 주언은 조현병 있는 아동이나 청소년에게 마땅한 사회적 기반이 필요하다고 말했다.

정신과가 대학 병원에서 정말 돈이 안 되는 게, 솔직히 뇌수술한다고 3박 4일 입원하면 돈 천만 원이거든요? 소아 병동 환자들은 그냥 병동 차지하면서 약만 먹고 있는 거기 때문에 소아 병동을 점점 줄여가요. 그래서 애들이 갈 데가 없어요. 저희 아이 때는 한 달 대기했는데, 지금 네 달 대기해요. 최소한 인프라만 갖춰주고 어느 정도 서포트만 있더라도 튀지는 않거든요.

소아 병동뿐 아니라 정신과 보호 병동, 곧 폐쇄 병동 수도 줄고 있다. 감소하는 원인을 의료 서비스를 제공하고 공단에서 받는 돈(의료 수가)에서 찾기도 한다. 급성 정신 질환자가 입원하는 보호 병동은 자원이 많이 드는 반면 만성 환자와 급성 환자 간 의료 수가에 차이가 없기 때문에 보호 병동이 줄어든다는 말이다. 적자는 수입이 줄어드는 문제이기도 하지만 병원 지속성을 좌우하기도 한다. 보호 병동이 늘 정답은 아니겠지만, 급성기에 갈 곳이 없는 정신 질환자들은 더 어려움을 겪고, 급성 정신 질환자 가족은 더 많은 돌봄 부담을 느낀다. 병원 밖 정신 재활 시설도 적다. 병원 외부 시설이 부족하면 입원도 길어질 수 있다. 입원이 길어지면 환자는 사회에서 그만큼 멀어진다. 사회에서 멀어지면? 상상보다는 다른 돌봄과 대안 행정이 절박한 상황이다.

3부

~~~~~

다른 몸들

8장

이게 다 코다여서 생각한 것들이더라고요

코다 단체에서 활동하는 코다 당사자

청각 장애인은 익숙한 단어이지만, 농인은 덜 알려진 말이다. 청각 장애인은 병리학적 관점에서 청력과 평형 기능에 장애가 있는 사람을 뜻한다. 농인은 청각 장애인 중 한국 수어를 제1 언어로 사용하고 한국 수어에 기반한 농문화를 누리는 사람을 가리킨다.* 청인은 농인하고 다르게 제1 언어로 음성 한국어를 사용하는 사람이다. 언어와 정체성에 따라 청각 장애인과 농인을 구분한다. 농인 부모에게서 태어난 자녀를 부르는 단어도 있다. 'Children of

---

* 이길보라, 〈'청각장애인'이 아닌 그저 '목소리가 다른 사람'이 아닐까〉, 《경향신문》 2021년 10월 26일.

Deaf Adults'를 줄인 영문 약자 '코다(CODA)'다. 농인 부모의 자녀를 뜻하는 단어가 새롭다고 생각할 수 있지만, 언어가 다른 부모와 자식을 생각하면 코다는 특별한 경험과 정체성을 지닌 집단이다.[*]

한국에는 코다를 알리고 코다들하고 연대하는 단체 '코다코리아'가 있다. 2014년 코다 모임에서 시작해 2021년 정식 단체가 됐다. 다큐멘터리 감독이자 작가로 활동하는 이길보라가 대표다. 코다는 '소리의 세계'와 '침묵의 세계' 사이에 살던 경계인이다.[**] 아동과 청소년 코다가 한 경험은 소리의 세계만 아는 사람들하고는 다를 수밖에 없다. 코다코리아에 연락해 장현정 활동가를 만났다. 장현정 활동가는 코다 당사자다.

영 케어러인 코다

현정은 코다를 알기 전에 자기를 청각 장애인의 자녀로 이해했다. 코다를 알게 된 순간은 코다 개념을 많은 사

[*]   코다코리아 홈페이지 '단체' 항목 참고(codakorea.com/introduction).
[**] 이길보라, 이현화, 황지성, 《우리는 코다입니다》, 교양인, 2019.

람에게 알린 다큐멘터리 〈반짝이는 박수 소리〉를 본 때였다. 코다라는 단어를 듣고 자기 같은 사람을 부르는 이름이 있다는 사실을 처음 알았다. 이름을 알고 현정은 소속감을 느꼈다. 요즘 학교에서는 학부모 정보를 알기 어렵지만 10여 년 전만 해도 부모 이름과 주소를 작성해 제출했다. 그때도 부모의 장애나 건강 상태는 쓰지 않았다. 그렇지만 코다인 현정이 한 경험은 좀 달랐다.

부모님이 청각 장애인이라고 말씀드리지 않으면 해결되지 않는 부분들이 많다 보니까 제가 먼저 말씀을 드렸어요. 어떤 공지가 있으면 저를 통해서 해야 돼서 물어보시기 전에 먼저 말씀드렸고. 학교 입학할 때는 부모님이 같이 가시니까 자연스럽게 학교에서 알게 되는데, 초등학생 때는 전학을 많이 다녔는데, 그때도 설명드리고 했죠.

청소년 시기 현정은 부모님이 장애인이라고 밝혔다. 간단한 알림부터 상담까지 자기 손을 거쳐야 했다. 현정은 부모님을 따라 은행도 가고 병원도 갔다. 단순히 함께 간 정도가 아니라 은행원과 의사를 상대로 대화를 했고, 그 대화를 부모에게 수어로 전했다. 뉴스를 보는 부모님을 위해 미리 뉴스를 봤다. 뉴스를 보면서 동시통역하면

되지 않느냐고 반문할 수 있지만, 한국 수어는 한국어하고 언어 체계가 달라서 일대일로 대응하지 않는다. 또한 통역 자체가 의미를 이해해야 하는 활동이다. 그래서 현정은 뉴스를 미리 봤다.

뉴스를 제가 먼저 봐야 통역을 할 수 있는 거예요. 제가 내용을 모르면 이해를 못 해서 말을 못 하니까 미리 신문도 찾아보고 책도 많이 읽고, 모든 매체를 많이 보고 그랬어요. 인터넷 뱅킹도 중학교 1학년 되자마자 하고 이런 식으로 좀 모든 게 빨랐고, 가족 주민등록번호를 제가 초등학교 2학년 때 다 외웠거든요. 우유 급식 같은 거 신청할 때 필요해 가지고 빨리 쓰려고 외웠어요. 주민등록번호를 가족 네 명 것을 다 외우니까 선생님이 '넌 어떻게 아홉 살인데 벌써 그걸 다 외웠냐' 했던 기억이 아직도 있어요.

농인 부모를 돌본 경험은 자원도 됐다. 찾아 읽은 신문 덕에 시사 상식이 풍부해지고 사회 문제를 깊이 이해했다. 현정은 고등학교 3년 동안 종이 신문을 읽었고, 대학교에서는 정치를 전공했다. 집안 살림살이를 일찍 알게 돼 분명 부담을 느꼈지만, 농인 부모를 보살피는 경험을 하면서 얻은 자원도 있었다. 아동 또는 청소년 코다가 한

이런 행동들도 돌봄이다. 코다코리아에서도 코다를 '영 케어러'로 본다.[*]

근데 영 케어러라는 요즘의 말들은 갑자기 부모의 병이 발생했거나 문제가 있어서 케어러를 해야 될 땐데, 사실 저희는 태어날 때부터 돌봄을 했기 때문에 포함이 안 되어 있어요. 영 케어러 정책에는 코다가 없는데, 그래서 저희가 항상 코다랑 영 케어러랑 같이 연결해서 이야기될 수 있도록, 저희가 영 케어러 관련된 행사도 많이 하고 'N인분'의 조기현 작가랑 같이 협업하고 했거든요. 저희는 사실 코다를 영 케어러라고 보고 있습니다.

'N인분'은 돌봄 청년 커뮤니티다. 'N인분' 대표 조기현은 영 케어러이고 자기 경험을 글로 썼다. 영 케어러가 한 경험과 인식이 담긴 책 《아빠의 아빠가 됐다》, 《새파란 돌봄》, 《몫》을 냈다. 현정은 사람들이 생각하는 영 케어러라는 상상 안에 코다가 들어 있지 않다고 말했다. 그래

~~~~~~~~~~

[*] '영 케어러(young carer)'는 한국어로 '가족 돌봄 청년'으로 옮길 수 있는 말이다. 가족을 돌보는 청년을 뜻하는데, 대개 질병이나 장애가 있는 가족을 보살피는 청소년을 가리킨다.

서 조기현 작가하고 협업을 했다. 코다도 영 케어러라는 현실을 알리려는 활동이었다. 특정한 사건 뒤에 찾아오는 청년 돌봄이 아니라 생애에 걸친 코다 청년의 돌봄은 영 케어러들 안에도 차이가 있다는 사실을 보여준다.

코다는 중간에 속해 있다고 많이 생각하거든요. 왜냐하면 농인 기준으로 봤을 때 코다는 청인이잖아요. 청인 사회 입장에서는 저는 장애인의 자녀니까 장애인이 받는 불편함을 저희도 겪을 수가 있어요. 근데 복지 정책으로는 코다를 위한 것은 없죠. 예를 들어 장애인을 위한 정책이면 저희는 장애인이 아니어서 안 되는 거예요. 저 자체는 장애인이 아니라서 애매한 사각지대에 있으니 지원을 못 받는 부분도 있고요.

모든 사안을 정책으로 지원해야 한다는 말은 아니다. 그렇지만 어떤 장애와 질병은 가족이나 자녀에게 다른 방식으로 영향을 미친다. 그래서 장애 당사자뿐 아니라 가족과 자녀도 고려해야 한다. 코다 학생은 학교와 부모를 연결하는 일상적인 통역 때문에 지칠 가능성이 있다.

너무 어렸을 때 통역하지 않는 게 좋다는 생각을 항상 했어요. 사실 통역이라는 게 말 그대로 문자를 전달하는 게 아니고 맥락을 알아야 하고 상황을 알아야 하니까, 우리 집에 부채가 얼마나 있는지를 엄청 어렸을 때부터 알 수밖에 없잖아요. 그게 성장하는 데 위축이 될 수밖에 없었고요.

현정은 통역을 하면서 집안이 진 빚이나 경제 여건을 알게 됐다. 그래서 빨리 철이 들었지만, 코다가 너무 어리다면 통역을 하지 않는 편이 낫다고 생각했다. 물론 현정은 자기가 통역에 적임자라는 사실을 알았고, 부모에게 닥친 일을 해결할 때 보람도 느꼈다.

지금은 사는 곳이 달라 통역을 하지 않는다. 부모님은 통역이 필요하면 지역에 있는 수어통역센터를 이용한다. 수어통역센터는 수어 통역 서비스를 지원하는 곳이다. 서울시와 광역시에 구 단위로 있는데, 전국에 200여 개가 된다. 통역 지원이 필요한 당사자가 방문해 일자를 예약하는데, 영상 전화로 예약할 수도 있다. 인터넷에서 찾아본 수어통역센터 연락처에는 국번이 있는 전화번호와 영상통화 번호가 나란히 적혀 있었다. 지역 수어통역센터에 문의하니 업무용 전화번호를 안다면 메신저 메시지나 메신저를 이용한 영상 통화로 예약할 수도 있다고 했다.

학교에서 농인 부모를 만날 수 있다. 또는 이미 만나

고서 알아차리지 못하고 지나친지도 모른다. 요즘은 음성 통화보다는 전용 앱에서 문자로 이야기하는 사례가 잦기 때문이다. 농인 부모에게 문자 소통 방식은 충분할까?

요즘엔 어플로 많이 알림이 오는데, 이해하기 어렵다고 하시는 분들이 있으시더라고요. 부모님이 노력하셔야 할 부분도 있지만, 학교 차원에서도 쉬운 언어라든지 이런 게 필요하지 않나라는 생각을 해봤어요. 수어를 제1 언어로 쓰시면 문자 언어는 외국어예요. 저희 부모님이 쓰시는 글자만 봐도 문법이 안 맞는 것은 둘째 치고 단어가 바뀌어 있거나 문장은 이해가 어려워요. 그래서 선생님들이 글자만 써서 보내드리면 이해하실 거라고 많이 생각하시는데, 이걸 다시 풀어서 수어로 설명을 해야 돼요. 이 과정을 선생님들이 이해하시면 좋을 것 같아요.

농인에게 문자 언어는 다른 언어다. 학교든 교육지원청이든 수어 통역사가 있다면 도움이 된다. 개인이 수어 통역 서비스를 이용해 교사하고 상담을 하기도 하지만, 기관 단위에서 접근성을 높인다면 소통이 더 잦을 수 있고 코다가 짊어질 돌봄 부담도 줄어든다. 현정은 영상 지원도 말했다. 학교에서 전달할 내용을 수어 영상으로 만

드는 방식이다. 충분히 가능한 이야기다.

다양한 이주 배경이 있는 '다문화 가정' 어린이가 많은 여러 지역에서 2010년대부터 10개 언어로 된 가정통신문 샘플을 만들었다. 비슷하게 수어 동영상 샘플도 만들면 된다. 안전 교육, 방과 후 학교 안내, 출석 결석 지침 안내처럼 매년 보내는 공지는 영상으로 제작할 수 있다. 게다가 요즘은 공지 사항을 앱으로 보내니 동영상을 보내기도 좋고 보기도 좋다.

코다에게 부여되는 돌봄 부담을 줄이면서 보호자에게 직접 전하는 방식인 셈이다. 물론 모든 사람이 휴대폰을 쓰지는 않고 망 접근성도 문제가 있으니 대책은 단순할 수 없다.

하나이지 않은 코다

2023년 6월에 한국에서 '코다국제컨퍼런스'가 열렸다. 코다국제컨퍼런스는 전세계 코다들이 모여서 교류하고 유대감을 쌓는 행사다. 매년 하는 행사인데, 미국과 미국 아닌 국가에서 번갈아 열린다. 자기가 코다라고 생각하는 사람만 참여할 수 있다. 국제적인 코다 컨퍼런스가 아시아 최초로 한국에서 열리지만 널리 알려지지는 않았다. 취재를 허락하지 않은 탓이었다. 안전한 '코다 스페이스'를 확보하려고 내린 결정이다. 세계 여러 지역에서 온 코다를 만난 현정은 마치 새로운 가족을 만난 듯한 기분을 느꼈다.

정말 미국 사람이 너무 많아 가지고 멀리서도 많이 오는 게 신기했어요. 다른 나라에서 한국에 오려면 비행깃값도 내야 하고, 싸지 않거든요. 항공기에 호텔비도 따로 내야 하고요. 열정이 너무 대단하다고 생각했어요. 인도, 필리핀이나 다른 나라에서 와서 이야기를 했는데, 어느 정도 차이는 있지만 거의 비슷한 경험을 하고 한국에서 경험할 수 있는 것들도 해외에서 경험을 해서, 나라가 달라도 경험하는 게 같으니까 진짜 가족 같다는 생각을 했어요. 신기했어요. 얼굴도 다르고 피부색도 다른데 가족처럼 느낄 수 있다는 것도 흥미로운 지점이었고, 주로 미국 수어를 쓰고 영어 위주로 하다 보니까 한국 사람이나 영어 못 하는 사람들이 좀 소외되는 경우도 있지만, 어쨌든 경험은 같은 게 있어서 좀 신기하더라고요.

한국에 3박 4일 넘게 체류하려면 경제적으로 부담이

된다. 그래서 주최 단체는 장학금 사업을 했고, 나이지리아 코다는 장학금을 받기도 했다. 컨퍼런스에 온 미국인들은 50대나 60대, 또는 70대가 많아 보였다. 국적과 연령대가 다양했다. 차이가 많은데도 가족으로 느낄 수 있다는 점이 놀라웠다. 한국 코다도 다양할까 궁금해진 나는 현정에게 윗세대 코다를 본 적이 있는지 물었다.

우선은 기본적으로 코다코리아에서 활동하는 사람들의 나이대가 20대에서 40대 정도가 확실히 많고요. 윗세대 분들도 만나 보긴 하는데, 사실 본인이 코다인지 모르시는 경우도 많더라고요.

현정은 한국에서는 코다를 만나기가 어렵다고 했다. 코다라는 단어를 알아야 하고 자기를 코다로 여겨야 했는데, 그렇지 않은 사람들이 있다는 말이었다. 코다는 농인의 자녀라는 뜻이라 자녀의 경험도 나이가 들수록 변했다. 코다코리아가 2023년에 발표한 〈코다 실태조사 보고서〉에 1969년생 남성 코다 이야기가 나온다.[*]

~~~~~~~~~

[*]   코다코리아 홈페이지 참고.

그 사람은 농인 부모가 모두 사망했고, 농인에 관련한 진로도 선택하지 않았다. "C가 농부모와 무관하게 스스로 농문화를 다시 찾아간 계기는 질병을 경험하면서였다. 난생처음 몸의 질병과 고통, 한계를 겪으며 농부모의 삶을 떠올렸고, 이후 농아인 협회에 찾아가 공식적으로 수어를 배워 통역사 자격증까지 땄다." 치매가 있는 이 50대 코다의 어머니가 노인 요양 기관을 이용하려 하지만 기관은 서비스를 거부했다. 이 50대 코다의 여정에서 곱씹을 부분이 있었다. 50대 코다는 고령인 노년 농인 부모를 보면서 차별을 경험했다. 영 케어러인 코다가 수행하는 일상적 돌봄하고는 결이 다른 돌봄이 있었다. 나이에 따라 돌봄 경험은 달랐다. 그래서 학교에 관련해서도 물었다. 학교가 바뀌어야 할 부분이 있는지 궁금했다.

기본적으로 학교에 인식 개선 교육이 좀 있어야 한다고 생각해요. 장애 인식 교육은 보통은 신체 장애인 위주로 하시거든요. 신체 장애인이나 시각 장애인의 경우 어쨌든 음성 언어를 사용하는 사람들이고 속한 문화가 청인 문화이지만, 청각 장애인이나 농인들은 언어나 농문화가 있는데 언어 차이를 모르시는 선생님도 많아요. 일반적으로 우리 사회에서 농인이 어떻게 살아가고 있는지, 어떤 특성이 있는지 선생님들이 아시면 좋을 것 같고. 학교 전체의 인식 개선이 먼저인 거 같아요.

인종이나 국가를 비롯해 이주 배경이 다양한 가정을 다문화 가정이라 부른다. 코다도 다문화 가정으로 볼 수 있다고 현정은 말했다. 현정은 학교에서 겪은 차별 경험을 떠올렸다. 사람들이 자기를 '연민의 눈빛으로' 바라보는 느낌을 받은 적도 있었다. 불쌍하다고 한 사람도 만났다. 학교에 다닐 때 부모가 청각 장애인이라고 밝히자 학생들 앞으로 불러 수어를 시킨 교사들이 꽤 있었다. 그렇게 한 의도는 이해하지만 다른 부분도 주목하면 좋겠다고 현정은 생각했다.

코다코리아에서 어린이 캠프를 할 때도 모집이 너무 안 돼가지고 고민을 했던 게, 코다라는 걸 알아도 알리고 싶지 않아서 안 오는 경우도 있고, 코다인 걸 자체를 모르는 경우도 많고 그렇더라고요. 코다 캠프에 활동하는 어른 자원봉사자들도 코다고 아이들도 코다니까 많은 설명을 하지 않더라도, 같은 경험을 나누는 것만으로도 많이 안정감을 느끼더라고요. 나 같은 사람이 또 있구나. 외국에 나가서 한국인 찾는 느낌? 코다들이 이런 느낌이라고 표현을 해요.

친한 청인 친구랑은 또 100퍼센트 맞지 않고 농인 친구랑 100퍼센트 맞지 않는데, 코다 친구는 성격이 다르고 상황이 다르더라도 가정에서 얘기만은 같은 거예요. 예를 들면 부모님이 통역을 너무 시켜서 짜증난다, 귀찮다 했을 때 청인 친구에게 이야기하면 부모님 욕하는 게 되는데, 욕이 아니라 부모님은 너무 좋은데 잠깐 귀찮을 뿐이라는 걸 말하지 않아도 코다 친구는 이해를 할 수 있는 관계죠.

코다에게는 연결이 필요했다. 자기가 겪는 어려움을 이해하는 동료가 절실했다. 코다들은 모이면 안정감을 느꼈지만, 모이기 어려웠다. 학교에 코다 동아리가 있다면 어떨까? 지역 연합 동아리도 괜찮지 않을까? 청소년들은 다양한 동아리 활동을 한다. 댄스 동아리, 봉사 동아리, 밴드 동아리 등 주제별 동아리가 많은데, 코다들도 함께 모여 자기가 이야기를 한다면 값진 경험을 쌓을 수 있다.

큰 결정은 고민하지 않는 사람

전에 카드 회사에서 수어 상담을 했거든요. 영상 통화로 수어 상담을 했었고. 그걸로 몇 년 일하고 나니까 너무 힘들더라고요. 고객센터 일이 돈과 관련된 일이다 보니까 예민해져서 스트레스 받다가 이길보라 감독님이 단체 만들 건데 같이 해보지 않겠냐고 하셔서, 사실 엄청 안정적인 직장이었는데 그만두고 하게 되었어요.

그렇지 않아도 주변 사람들은 미친 짓이라고 했다. 그런데 현정은 큰 결정을 할 때 고민을 많이 안 한다. 그래서 안정된 직장을 정리하고 서울에서 활동가로 일할 수 있었다. 나는 활동가로 일하는 사람들이 늘 대단해 보였다. 대의와 취지에 공감해도 섣불리 나서지 못하는 소심한 나하고 대비되기 때문이다. 현정은 직장보다 더 큰 것을 봤다. 현정이 활동가를 택한 이유는 삶의 경로를 코다로 산 경험에서 분리할 수 없기 때문이었다.

삶을 생각해보면 대학 전공도 그렇고, 간호사도 기자도 하고 싶었는데, 이게 다 코다여서 생각한 것들이더라고요. 어렸을 때는 병이라고 생각해서 부모님의 병을 고치고 싶었고, 사회에 문제가 있다는 걸 알려주고 싶었어요. 대학 전공을 선택한 것도 정치에 관심이 있어서 선택을 한 거지만, 궁극적으로는 정치에 관심을 가질 수밖에 없던 게 우리 부모님은 소수자이기 때문에 그거를 해소하기 위해 결정을 했고. 그리고 청년 단체를 만들어서 청년 활동을 했던 것에 베이스가 결국은 코다였기 때문에 했다고 생각이 들거든요. 내가 지금까지 그렇게 살아왔으니까 카드 회사 수어 상담 한 것도 결국은 코다고 수어를 할 수 있어서 하게 된 거고. 코다코리아도 결국엔 내가 코다였기 때문에 할 수 있는 것들을 하는 거고, 내가 나니까 할 수 있다고 생각했던 거 같아요.

'농세계'와 '청세계'를 오가며 크고 작은 불의를 현정은 목격했다. 설득이나 설명으로 해결할 수 없는 일들이었다. 그래서 현정은 세상을 바꾸고 싶었다. 현정에게 코다는 경험보다 큰 자기의 일부였다. 현정이 하는 많은 일들은 자기의 일부인 코다를 빼놓고 설명할 수 없었다.

9장

옳을 수밖에 없는 결론

논바이너리 레즈비언으로 정체화한 사람

낱말이 비슷해서 자주 혼동하는 개념이 있다. '성적 지향'과 '성별 정체성'이 그렇다. '성적 지향'은 다른 사람을 향한 성적이고 정서적인 끌림을 말한다. 이성애자는 이성에게 끌리고, 동성애자는 동성에게 끌린다는 식이다. '성별 정체성'은 '성정체성'이나 '젠더 정체성'으로 쓰기도 한다. 자기가 여성인지, 남성인지, 또는 둘 다 아닌지, 내적으로 느끼는 성별의 정체성을 뜻한다.* 스포츠 경기는 대개 여성부와 남성부로 나뉘는데, 성별 정체성을 다르게 인식하

---

* '성소수자부모모임' 참고(www.pflagkorea.org).

는 사람은 어려움을 겪는다. 강원도민체육대회 여자 일반부에서 우승한 경륜 선수 나화린은 자기가 트랜스젠더 여성이라고 밝혔다. 기갑 부대 부사관으로 근무하다가 성전환 수술을 한 고 변희수 하사는 차별에 맞서 투쟁했다. 숙명여자대학교에 합격하지만 등록하지 못한 트랜스젠더 여성도 있었다. 2009년 공개한 다큐멘터리 〈3xFTM〉은 세 트랜스젠더 남성의 학업, 취직, 삶을 조명했다.

성별 정체성을 탐색하지만 트랜스젠더하고 다른 경험을 하는 사람도 있다. 여성과 남성 중 어느 성별에도 일치감을 느끼지 못하기 때문이다. 그래서 자기 젠더를 '논바이너리(non-binary)'로 정체화한다. 논바이너리는 둘 중 하나를 골라야 하는 '이분법(binary)'에 속하지 않는다는 뜻이다.

논바이너리 당사자는 학교에서 어떤 경험을 할까? 내가 만날 학생과 교직원과 동료 시민 사이에는 성 소수자(퀴어)가 있다. 동성애, 양성애(bisexuality), 무성애(asexuality) 등 다양한 성적 지향에 속하는 성 소수자도 있지만, 성별 정체성에서 성 소수자인 사람도 있다. 논바이너리 레즈비언으로 정체화하는 담(가명)을 만났다. 담은 20대이고 대학원생이라고 자기를 소개했다.

둘 다 아닌 삶

담에게 논바이너리를 어떻게 받아들였는지 물었다. 주로 어떤 성별로 패싱되는지, 어떤 성별로 패싱되고 싶은지 궁금했다.[*]

저는 논바이너리는 남성과 여성의 경계를 허무는 정체성이라고 생각하거든요. 제가 체구도 작고 키도 작은 편에다 신체도 여성적 특성이 있어서 여성으로 패싱되는 편인데요. 그런데 이 부분은 기분이 안 좋습니다. 반면 사람들이 헷갈려하고 남자로 보는 경우가 있는데요. 그럴 때 통쾌한 기분이 들기는 해요. 나를 여성과 남성 두 갈래로 나누지 않았으면 좋겠다는 생각을 하면서도, 사람들이 저를 여성으로 안 보고 삐끗했을 때 재미있는? 그런 편입니다.

담은 사람들이 자기의 젠더를 알아보려다가 혼란스러워하는 상황을 통쾌하게 느꼈다. 그렇지만 사람들이 남성이나 여성 둘 중 하나로 젠더를 알아보는 현실이 만족스럽지 않았다.

---

[*] 패싱(passing)은 겉보기 성별을 가리키는 용어로, '통과'로 옮기기도 한다.

제가 코로나 이후로는 목욕탕을 안 가는데요. 저희 가족들은 2주에 한 번씩 목욕탕에 가서 때를 미는 문화가 있었어요. 제가 머리를 짧게 자르고 아버지랑 둘이 목욕탕 간 거예요. 목욕탕 사장님이 저에게 키를 주시는데 파란 키를 주시는 거예요. 남탕 키를 주신 거죠. 그런데 남탕에 들어갈 수는 없잖아요? 또 '빨간색 키를 받고 싶은 건 아닌데'란 마음이 들었던 적이 있었어요.

목욕탕 열쇠 색깔이 파란색과 빨간색이듯 세상의 반은 여자 아니면 남자로 불린다. 그렇지만 성별은 스펙트럼이다. 내부 차이도 크다. 여성에 가까운 남성이 있고 남성성이 충만한 여성도 있다. 물론 한국에서는 남성 아니면 여성으로 주민등록번호를 받기 때문에 통계적으로 어느 정도가 남성이거나 여성인지는 말할 수는 있겠지만, 조금 다르게 보면 다른 존재가 모습을 드러낸다. 남성과 여성 두 젠더만 존재한다는 규범인 젠더 이분법에 맞지 않은 학교 생활이 궁금했다.

학교에서 여자 교복은 치마, 남자 교복은 바지인 게 당연하잖아요? 중 1 때 제가 치마를 안 입어 버릇하던 사람이라 너무 불편했고, 내가 왜 치마를 입어야 하는지 의문이 들었어요. 그래서 바지 교복을 입겠다고 부모님과 선생님들에게 말을 했죠. 그런데 반응이 별로 안 좋았어요. 학교에서 안 된다고 그랬는데, 다행히 제가 공부를 잘해서 어떻게 바지 교복을 입게 되었어요. 흥미로웠던 건 그 이후로 바지 교복을 입는 애들이 늘어난 거예요. 학교에서도 그걸 딱히 터치하지 않던 경험이 있어요.

담이 한 용감한 행동은 다른 사람들에게 본보기가 됐다. 바지 교복을 입고 싶던 사람들은 바지 교복을 입기 시작했다. 한 사람이 한 행동이 불러온 파급 효과였다. 바지 교복을 입은 뒤에도 담은 여전히 학교에서 여자 화장실을 이용하고 여성 교복을 입었다. 어쩔 수 없이 여성으로 통과됐다.

제가 다닌 중학교와 고등학교는 남자반 여자반 따로 있는 분반이었어요. 생리 이야기를 하거나 옷을 갈아입거나 할 때 조금은 편한데, 완전 편하지는 않을 수밖에 없잖아요. '나는 얘네랑 같이 옷 갈아입고 싶지 않아' 이런 마음이 들었어요. 그런데 이걸 터놓고 이야기하진 못했어요. 언제까지 이러고 살아야 하나 생각했죠.

담은 편함과 불편함을 오갔다. 군대를 거쳐온 내 경험으로 볼 때 동성들이 모인 집단에서도 갈등과 불화는 있을 수밖에 없었다.

여자애들 사이에서도 성폭력이나 성추행 비슷한 장난 할 때도 있잖아요. 저 중학생 때는 여학생들끼리 치마를 들추거나 가슴 사이즈에 대한 이야기를 하곤 했죠. 공공연하게요. 제가 중학생 때 말랐었는데, '너 이거 가슴이야 등이야?' 같은 농담들도 많았어요. 다만 저는 그때 제가 논바이너리라고 정체화하지 못했었어요. 지식도 정보도 없고 그랬어요. 그때 저는 제가 미친 사람인 줄 알았어요. 퀴어라는 존재가 있다는 걸 생각하지 못하고, '이게 불편한데', '여자라고 생각하는 건 거북한데', '내가 왜 이러지?', '내가 미쳤나 보다' 생각했어요.

'미친 사람'은 담이 자기를 받아들인 첫 방식이었다. '둘 중 하나'는 성별 정체성을 고민하는 사람들이 받는 강요였다. 트랜스젠더 소설가 김비는 썼다.[*] "하나의 성별을

~~~~~~~~~~

[*]   김비, 〈나에게 오십은 '트로피'였다〉, 《한겨레》 2020년 1월 18일.

포기하는 일이 곧 다른 성별을 택하는 일이 되어버렸고, 나는 둘 중의 하나가 되기 위해 참 많이도 버둥거렸다." 사람들은 뭔가를 비판할 때 이분법이라는 말을 썼다. 이분법적 사고를 하지 말라, 세상은 그렇게 단순하지 않다, 흑백 논리의 오류. 그렇지만 교복을 치마와 바지로 나누고 여자 출석 번호와 남자 출석 번호를 따로 매기는 현실은 자연으로 받아들였다.

도서관에서 책을 읽다가 성 소수자에 대한 책을 봤어요. 이 책을 통해 에프티엠(FTM) 트랜스젠더(트랜스젠더 남성)라는 것을 알게 되었어요. 그런데 저는 제 성격이면 에프티엠이어야 하는데, 남자가 되고 싶지도 않고 남자라고 생각하지도 않았어요. 대학에 와서 페미니즘과 여성주의에 대해 알게 되었고, 성평등에 대한 이야기를 나누면서 제 세상이 바뀐 거죠. 처음에는 에이젠더라고 생각했다가, 그거보다는 성별 경계에 나를 두는 것을 거부한다고 생각해서 논바이너리라고 정체화했던 거 같아요.

정체화는 출렁거렸다. 성별이 없다는 의미인 에이젠더로 생각하다가 현재는 논바이너리로 정체화했다. 설명은 모든 몸을 담지 못한다. 몸이 틀리다기보다는 설명이 부족한 탓이다. 정체성을 다루는 표현은 중첩되고 겹쳐지므로 완전하고 깔끔한 설명은 늘 어렵다.

담은 정체화 이후 자기 생각에 맞는 몸을 갖고 싶었다. 몸하고 불화하는 감각이 있으리라 예상했다. 사람들이 알아보는 젠더와 자기가 인식하는 젠더가 불일치하는 사람은 자기 젠더에 맞는 몸을 만들려고 의료적 조치를 하기도 한다. 몇몇 트랜스젠더는 성호르몬을 투여하거나 남성형 가슴을 만들려고 유방을 절제하는 '탑 수술(top surgery)'을 하기도 한다. 담도 탑 수술을 생각한 적이 있지 않을까?

그럼요. 저는 탑 수술 생각을 되게 오랫동안 해왔고요. 그 이유는 제 몸을 볼 때 특히 가슴이 너무 '넌 여자야' 해버리는 느낌을 받다 보니까 가슴이 없어지면 좋지 않을까 생각을 하면서도, 고민이 되는 것은 어떤 가슴을 원하는지 모르겠는 거죠. 남자 모양의 가슴을 원하는 것도 아니고 지금같이 살고 싶지도 않은데, 나는 어떤 모습을 해야 하지? 이런 고민이 해결되지 않아서 아직은 수술을 결정하진 않고 있어요.

담은 자기가 어떤 가슴을 갖고 싶은지, 어떤 몸이 되고 싶은지 정확하게 표현하기 어려워했다.

지방과 서울

담은 도시와 농촌이 어우러진 지방에서 자랐다. 도시 성 소수자와 지방 성 소수자가 하는 경험은 달랐다.

지방에는 퀴어 관련한 강의나 포럼이나 행사나 그런 게 없었어요. 그리고 가시화도 되게 안 되어 있고, 서울은 퀴퍼 (퀴어문화축제) 같은 거 하면은 여러 곳에 무지개 깃발이 걸려 있잖아요. 지방은 일단 그런 게 전무하고, 사람들의 인식도 없고요. 그래서 계속 혼자 고민할 수밖에 없던 것 같아요.

담이 살던 지방에서는 성 소수자를 모르는 사람이 많았다. 그래서 혼자 고민했다. 청소년 성 소수자를 지원하는 단체 '띵동'도 고등학생 때까지 들어보지 못했다. 물리적 접근성뿐 아니라 정보 접근성도 떨어졌다.

학교를 나온 사람들이 그 학교 선생님으로 오는 경우도 있었어요. 퀴어를 모르는 사람에게 배운 사람이 선생님이 되면 또 학생들은 퀴어를 모르게 돼요. 대물림 되는 거죠.

서울 집중은 지방 도시를 정적인 곳으로 만들었다. 지방에서 새로운 사람을 만나는 일은 상대적으로 어려웠다. 얼굴을 마주치고 대화하며 살아야 다른 사람을 이해할 수 있는데, 지방은 기회가 적었다. 그래서 담은 혼자서 고민하는 시간이 길었다. 교사가 성 소수자에 관해 알고 있으면 큰 힘이 될 수도 있었다. 한편 서울은 담이 살던 지방하고는 달랐다.

술집이나 바 같은 데에 성 중립 화장실이 마련되어 있다거나, 무지개 깃발이 친근하게 걸려 있다거나, 오는 손님들의 젠더가 크게 중요하지 않은 술집들이 많더라고요. 카페 같은 경우도 그렇고요. 제 성별이 여자인지 남자인지 뭔지가 아니라 그냥 공간에 온 손님인 게 제일 중요한?

지방이 성 소수자에게 나쁘고 서울이 성 소수자에게 좋다는 단순한 대비는 아니다. 서울이 상상하지 못하는 '조용한' 지방 성 소수자의 경험도 있을지 모른다.[*] 담이 한 지방 경험은 지방이 원래 '그런 곳'이라는 뜻이 아니라

[*]   Judith Halberstam, *In a Queer Time and Place Transgender Bodies, Subcultural Lives*. New York: NYU Press, 2005.

어떤 차이가 있는지를 생각해보도록 요구하는 말이었다. 지방에 사는 성 소수자들이 어떤 실천을 하고 어떤 지식을 지니는지도 경청해야 할 목소리다.

현실적인 문제

제가 병원에 갔는데 급히 수술이 필요한 상황이 생길 수 있잖아요. 원가족의 지원이 어려운 상황인데, 그럴 때를 생각해 임의후견 제도 같은 것도 알아보고 있고, 나중에 나이 들었을 때 서로를 어떻게 챙기지 같은 고민도 해요. 예를 들어 둘 다 갱년기가 같이 올 수 있잖아요? 그럴 때 우리는 어떻게 돌볼까 고민하죠. 법적인 안전망이 전혀 없다 보니까요. 동시에 불안한 마음도 같이 드는 거 같아요.

담은 돌봄을 고민했다. 파트너하고 많이 이야기를 나눴다. 뚜렷한 답이 없었고, 고민은 쌓였다. 얼마 전 서울고등법원은 동성 부부 건강보험 피부양 자격을 인정했다. 동성 배우자가 다른 배우자의 피부양자로 등록되자 국민건강보험공단은 '착오'로 파악했다. 소송이 시작됐고, 법원은 성적 지향이 차별 근거가 될 수 없다고 판단했다. 담도 이 사례를 이야기하며 성 소수자 동거인들에게 건강보험 피부양 자격이 넓게 인정된다면 꽤 편안해질 듯하다고 말했다.

나중에 같이 살려고 집을 구한다고 하면, (성 소수자가 아닌 사람은) 신혼부부 전세자금 대출 같은 지원이 많잖아요. 그런데 우리가 30대 중반쯤 돼서 집을 구하고 싶을 때 어떻게 해야 할까, 안정적인 주거가 가능할까 생각하고요. 한 명이 먼저 갈 수도 있잖아요? 그런 상황에서 남은 사람을 어떻게 보호할 수 있을까, 현실적인 문제들을 어떻게 해결해 나갈 수 있을까 이야기를 나누기도 해요.

다양한 가족을 상상하지 못하는 현실은 일상의 차별과 난관으로 이어졌다. 국가, 법, 사회가 사람을 위해 존재한다면 다양한 시민의 결합을 당연히 받아들여야 한다. 아무런 해를 끼치지 않고 어떤 잘못도 없는 가족들은 단지 사회가 인정하지 않는다는 이유로 현실적인 어려움을 겪는다. 중력처럼 자연스럽다고 상상하는 가족 규범이 있기 때문이다. 학교에서는 다양한 가족을 이해하자고 가르치지만 어떤 가족은 '다양함'에 들어가기 어려웠다. 현실 앞에 법과 규범은 지나치게 느긋했다.

20대인 담이 주거, 죽음, 남겨진 파트너를 염려하는 이유는 성 소수자를 지지하는 안전망이 부족하기 때문이다. 자력으로 안전한 성채를 쌓아야 하는 담은 깊이 고민했다. 사회적 소수자에게 드러내놓고 차별 발언을 하지 않더라도 이미 사회는 차별을 한다. 성 소수자 부부는 신혼부부 가점이 있는 임대 주택에 들어가기 어렵고, '법적 자격'이 없어 차분한 애도와 적절한 작별을 하기 힘든 상황을 맞닥뜨릴지도 모른다. 담이 짊어진 무게는 사회가 나눠야 하는 몫이었다.

"걱정하지 말고 가라"

학교에서 일하는 사람으로서 나는 담이 동료들의 무지나 차별, 혐오에 대처한 방법을 알고 싶었다.

대학에서는 친구들이랑 이야기를 하거나 익명으로 문제 제기를 할 수 있었는데요, 중학생 때는 누가 봐도 퀴어로 보이는 친구와 저, 그리고 자기 정체성을 오픈한 퀴어 친구, 이렇게 셋이 다녀서 주변 일에 관심 없었어요. 제가 다닌 고등학교는 보수적이고 차별적인 학교였는데요. 선생님들이 차별적인 발언들을 많이 했는데, 저는 대응하지 못했어요. 전혀 정체성을 드러내지 않고 살다 보니까 제가 목소리를 내진 못했던 거죠.

자신을 드러내지 않기. 연결해 이해할 만한 개념으로 '커버링(covering)'과 '마스킹(masking)'이 있다.[*] '커버링'은 켄지 요시노가 쓴 《커버링》에 나온다. 요시노는 커버링을 '주류에 부합하도록 남들이 선호하지 않는 정체성의 표현을 자제하는 것'으로 정리한다. '마스킹'은 자폐증에 관련된 맥락에서 등장하는 개념인데, 장애를 '가리고(masked)' 자폐증 없는 사람을 모방하거나 자폐증 없는 사람들에게 통할 수 있는 대본을 개발하는 행동을 말한다. 둘 다 안전을 위해 차별을 피하려 선택한 방법이라고 해도 스스로 입을 닫는 전형적인 형태다. 숨기는 순간이 많던 담이지만 지지를 받거나 이해받는다고 느끼는 때도 있었다.

고등학교 때 친구가 제가 있는 대학교에 놀러 왔어요. 그러

~~~~~~~

[*]   Devon Price, *Unmasking Autism: Discovering the New Faces of Neurodiversity*, New York: Harmony, 2022.

곤 갑자기 '인간의 본성이 선일까 악일까' 같은 질문을 하는 거예요. 진보냐 보수냐도 묻고요. 난 '야당 여당 다 싫어' 그랬는데요, '그래서 진보적인 사람이냐고?' 묻더라고요. 그래서 '아마도 그렇지 않을까'라고 답했는데요. 그랬더니 이 친구가 자기는 여성애자라고 말했어요. '헉, 나도 성 소수자야'라고 답했어요. 대학교 동아리에서 친하게 지냈던 학교 선배가 술 취해서 저에게 커밍아웃하기도 했어요. 과에도 퀴어가 여럿 있긴 하더라고요. 사실, 여성주의 단체에 들어가 보니 퀴어가 많았어요.

대학 생활하고 다른 맥락인 공교육에도 성 소수자들은 있는데, 공교육은 성 소수자를 잘 알지 못했다. 담처럼 학교를 졸업한 성 소수자도 있지만 학교를 나온(탈학교) 청소년 성 소수자도 있다. 담은 학교 밖 청소년 성 소수자에게 교육을 제공하는 프로젝트인 '무지개교실' 프로젝트에 참여했다.

성 소수자 학생들이 차별적인 학교 사회에서 버티지 못하는 경우가 많잖아요. 그러다 보니까 학교 밖으로 나오게 되죠. 성 소수자 학생들이 안전할 권리나 학습권을 보장받지 못하잖아요. 그런 이들을 품을 수 있는 안전한 수업 공간을 만들어주자는 취지로 저는 받아들였어요.

담은 청소년기에 한 경험을 생각하며 무지개교실 프로젝트에 참여했다. 고등학생 때는 자기를 미친 사람으로 받아들여서 자해를 한 적이 있다. "내가 내 몸을 못 받아들이겠고 그런데 이렇게 살아야 된다는 게 끔찍했어요." 이런 말을 하면서 담은 생각했다. '나도 무지개교실 입학 대상이 됐을까.' 사실 담은 교사가 되고 싶었다. 그렇지만 자기를 솔직하게 드러내면 쫓겨나야 했고, 거짓말을 한다면 삶을 속이는 일이었다. 자기를 솔직하게 드러낼 때 보호해줄 사람들이 없다고 생각해서 희망을 접었다. 청소년 성 소수자들이 꿈을 펼치기가 어려울 수는 있어도 꿈꿀 기회와 권리는 지켜줘야 하지 않냐고 담은 말했다.

청소년 성 소수자의 교육권은 당사자의 안전과 건강하고 관련이 있다. 청소년 성 소수자들은 일상적으로 혐오와 차별에 노출된다.[*] 교사에게 혐오 발언을 듣거나 동료에게 학교 폭력을 겪기도 한다. 그렇지만 공교육 내부

<hr>

[*] 박고은, 〈"청소년 성소수자 괴롭힘, 무대응과 차별 조장 정책의 산물"〉, 《한겨레》 2021년 9월 14일; 박고은, 〈교실 속 성소수자 차별·혐오, 교육과정 안 바꾸면 못 막는다〉, 《한겨레》 2022년 11월 15일.

에서 청소년 성 소수자를 전문적으로 지원하는 체계는 아직 없다. 몇몇 학교에 위클래스라는 상담실이 있기는 하지만 상담 교사 사이에 개인차가 있다. 청소년 성 소수자의 정신 건강에 대한 사회적인 접근과 근본적인 대책이 필요하다.

무엇보다 먼저 성 소수자를 대상으로 하는 혐오와 차별을 학교 구성원들이 인식해야 한다. 성별 정체성을 고민하는 청소년을 지지하는 영국의 단체 '머메이드(Mermaids)'는 청소년 성 소수자를 만나는 교사, 일반의, 사회복지사가 숙지해야 하는 내용을 담은 짧은 글을 사이트에 게시하고 관련 종사자 연수 프로그램도 운영한다. 청소년 성 소수자 지원센터 띵동도 종사자 워크숍을 진행한다. 가이드북도 배포한다. 그렇지만 공교육 안에서는 별다른 움직임이 없다. 현장에서 성교육과 젠더 교육에 관심 있는 교사들도 성차별은 다루지만 성별 정체성은 조심스러워한다. 원하지 않는 상황이 벌어질 수 있기 때문이다. 관련 법이나 가이드라인도 없다. 그러는 사이 꿈을 접거나 학교를 벗어나는 청소년 성 소수자들이 생겼다.

담은 지금 비슷한 고민을 하는 청소년들에게 하고 싶은 말이 있었다.

너희가 지금 하고 있는 고민이 옳다고 해주고 싶어요. 지향성에 대해서나 정체성에 대해서 고민하며 자신이 괴상하고 이상한 사람이라는 생각도 들겠지만, 그렇지 않고 너의 그 고민은 너무 중요하면서 너무 멋진 일이라고 해주고 싶어요. 어떤 결론으로 이어지든 간에 너를 가장 잘 아는 네가 내린 결론이기 때문에 그거는 옳을 수밖에 없다고, 걱정하지 말고 가라고 하고 싶어요.

이 이야기를 읽을 사람들이 누구일지 상상했다. 도서관에 들른 청소년 성 소수자가 우연히 이 책을 발견해서 읽는다면 어떤 생각을 할까? 걱정하지 말라는 사람, 네가 옳다는 사람, 네 잘못은 없다는 사람이 주변에 한 명도 없다면 담처럼 자기가 이상하다고 생각할 수도 있다. 담은 학교에서 그렇지 않다고 말해줄 사람들이 늘어나기를 바란다. 거의 모든 청소년이 거치는 학교는 배움 공간이지만 사람을 인정하거나 배제하는 일이 벌어지기도 하는 사회이기 때문이다.

10장
알았다면 나를 덜 싫어했을 텐데

성인 에이디에이치디를 진단받은 새내기 초등 교사

주의력 결핍 과잉행동 장애(ADHD) 진단을 받는 이삽십대 여성이 빠르게 늘고 있다. 성인 에이디에이치디 여성에 관심이 쏠렸고, 경험담을 털어놓은 책도 여럿 나왔다. 젊은 에이디에이치디 여성들이 쓴 책에는 많은 난관을 통과한 경험들이 담겨 있었는데, 나하고 같은 처지인 교사는 어떤 경험을 하는지 궁금했다. 교사는 보수적이거나 질서를 중요하게 생각한다는 이미지가 있고 신경 쓸 부분이 많은 직업이라 그렇다. 그래서 동료 교사에게 소개받아 상아(가명)를 만났다.

상아는 스물네 살 새내기 교사이고 여성이다. 내 경험으로 미루어보면 여러 어려움이 있지 싶다. 젊어서, 경력이

짧아서, 여성이라서 겪는 일들이 많기 때문이다. 담임 교사가 젊으면 학부모나 보호자를 상대로 협상하는 과정이 어렵고, 경력이 적으면 업무가 낯설다. 학생과 보호자가 여성 교사와 남성 교사를 다르게 대하는 경향이 드러나서 혼란을 느낄지도 모른다. 쉽게 설명하기 어려운 일들이 있기 마련이다.

성인 에이디에이치디로 상아의 모든 삶을 해석할 수는 없었다. 상아는 소신 있게 자기를 밝히는 당당한 사람이었다. 교실에서도 학생들에게 멋진 모습을 보여주고 싶었지만, 발령 뒤 우울증을 진단받았다. 경력 교사들도 맡기 힘든 학생들을 맡은 탓이었다.

면죄부

성인 에이디에이치디는 성인기에 생기지 않는다. 아동기 에이디에이치디가 이어진 결과다. 그렇다면 교사가 될 때까지 조금 다른 과정을 거치지 않았을까.

솔직히 머리가 좀 좋다고 생각하고 살아왔기 때문에 공부에 크게 힘든 게 별로 없었다고 지금 생각하지만, 작년에 임용 고시생 때 일기를 보면 엄청 힘들어하긴 했더라고요. 그치만 다른 사람도 다 힘들다고 생각해서 특별히 더 힘들다는 생각을 해본 적은 없어요. 그치만 병원 의사 선생님께서 제 직업을 물어보셨을 때, 제가 학생인지 알았는데 직장인이라고 하니까 에이디에이치디라는 걸 미리 알았다면 공부하기 훨씬 수월했을 거라고 말하셨어요.

상아는 의사가 한 말에 뿌듯했다. 자기는 에이디에이치디가 있는데도 공부해서 임용 고시에 합격한 사람이기 때문이다. 쉽지는 않지만 난관을 헤쳐왔다. 에이디에이치디를 진단받기 전인 어린 시절에는 자기 자신을 어떻게 생각했을까.

전 좀 심하게 덜렁거리는 편이라 생각했어요. 다르다고 생각하기 보다는요. 집에서도 막내이다 보니까 그렇게 보시는 게 있어요. 막내라서 그렇다, 이런 생각. 엄마 아빠가 너무 날 오냐오냐 키웠다, 그 생각을 하고 살았었어요. 그래서 내가 이렇게 덜렁거리는 거라고, 엄마 아빠 탓으로 돌렸어요.

어릴 때 심하게 아파서 병원에 입원하고 학교에 안 간 적도 있었다. 상아 부모님은 아프다고 봐줘서 할 줄 아는 일도 없고 덜렁거리기만 한다며 불만을 터트렸다. 그렇지만 엄격한 아버지도 오빠에 견줘 자기한테는 부드러웠다. 초등학교 1학년 때 담임 선생님이 엄마에게 상아를 가르치기가 너무 힘들다며 연락한 적이 있었다. 수업 시간에 우주에 관해 묻고 죽는 이야기를 했다. 엉뚱한 질문은 저학년 학생에게 흔하다. 그렇지만 에이디에이치디를 진단받으러 가는 일은 좀 다른 이야기였다.

친구가 에이디에이치디였어요. 성인 되고 중학생 때 친구들이랑 놀다가 대학 이야기를 했어요. 이때 수능 공부 이야기가 나왔는데 그러다 에이디에이치디 이야기가 나왔어요. 그런데 제 친구가 에이디에이치디 판정을 받아서 약을 먹는다고 하더라고요? 걔가 약을 먹기 시작하면서 어떻게 되었고 어떻게 바뀌었고 전과 후를 이야기해주는데, 바뀌기 전의 모습이 저랑 똑같은 거예요. 이 친구가 저보고 검사를 해보라고 권유하길래 하게 됐어요.

'콘서타'를 먹으면 일반인처럼 된다는 이야기를 들었다. 콘서타는 성인 에이디에이치디 환자가 먹는 약이다. 일반인의 삶이 궁금했다. 진단을 받으러 병원에 간 일도 충동적이다. 상아는 에이디에이치디 판정 기준에서도 충동성이 높은 사람이다. 온라인으로 한 에이디에이치디 자가 진단에서 높은 점수가 나오자 충동적으로 병원에 갔다. 당일에 에이디에이치디 검사인 종합 주의력 검사 (CAT)를 했다. 상아는 검사가 쉬워서 '겁나 잘한다고 나올 거 같'다고 생각했다. 결과는 '개판'이었다. 특히 목표 자극이 아닌 데 반응한 횟수를 뜻하는 '오경보 오류'에서 4개 검사 모두 '저하'가 나왔다. 종합 주의력 검사는 '정상', '경계',' 저하' 등 3단계만 있다. '저하'는 주의력이 많이 낮다는 뜻이다. 그렇지만 진단명이 생긴다고 하니 한편으로 편안한 마음도 들었다.

약간 좀 면죄부를 얻은 기분이었어요. 저는 자존심이 좀 세거든요? 대학도 사실 맘에 안 들고 좋은 데 가고 싶은데, 전반적으로 아쉽다는 생각을 했는데, 에이디에이치디 탓을 할 수 있는 거예요. 내 탓이 아니라 얘 탓인 거예요. 그게 좀 좋았어요. 엄마는 상처받으신 것 같지만.

소비 충동을 잘 조절하지 못하는 사람 이야기를 읽은 적 있다. 성인 에이디에이치디와 소비 충동이 관련 있는지 궁금했다.

이게 겹쳐진 문제예요. 우울증이랑요. 저는 한다면 꼭 해야 하는 고집이 있어 가지고 무지출 챌린지 하면서 70퍼센트 저금하기 이런 거 잘 하거든요? 그런데 우울증이 겹치면서 돈을 쓰며 스트레스를 풀기 시작했어요. 옷도 많이 사고 화장품도 많이 사고요. 쓸모없는 것도 사고요. 옷장이 미어터질 거 같아서 엄마가 싫어하고 그런 느낌? 폴댄스 학원도 끊어(등록해)버리고.

새내기 교사이고 사회생활을 오래 하지 않아 돈 쓰기에 관련한 문제는 잘 모른다. 청소나 빨래 같은 일상 기능도 꼭 에이디에이치디의 몫으로 해석할 수는 없다. 상아는 집에서 막내였고, 어릴 때 몸이 아파서 집안일을 안 해봤다. 부모도 일을 시키지 않았고, 궂은일은 오빠가 도맡아 했다. 못 하는 일은 안 배운 탓이 컸다. 무엇을 못 한다고 할 때 개인 자질 문제인지, 애초에 못하는 사람인지, 배우지 않은 탓인지는 구분하기 어렵다. 그렇지만 분명하게 못하는 일은 있었다. 카드 챙기기다.

그거 말고 제가 진짜 심한 게 카드를 잘 잃어버려요. 카드를 잃어버릴 때 문제가요, 버스 탈 때 카드를 찍잖아요. 주머니에 넣었는지 가다가 넣었는지 기억을 못 해요. 내려야 하는데 못 내리거나, 못 찍고 내리거나, 찾느라 난리 치는 게 맨날 맨날 있었어요. 지하철 탈 때, 버스 탈 때 정말 정말 심해요. 내가 어디다 넣는지 기억이 안 나는 거예요. 그래서 다 뒤져보고 만날 그랬어요.

상아는 집중력이 부족했다. 근무하는 학교에서 수업용 텔레비전에 머리를 부딪치기도 했다. 수업을 하다가 다른 분단으로 빠르게 가려고 텔레비전 밑으로 들어가서 나오는 순간이었다.

다리가 멍투성이에요. 멍이 많아요. 수업 시간에도 계속 부딪쳐 가지고. 아픈 척하면 안 되잖아요. 애들 앞에서 쾅 부딪치면 아무렇지 않게 '선생님 괜찮은데' 하고 집에 와서 보면 피멍 들어 있고 그래요.

태양계에서 멈추기

지금 콘서타를 먹고 있는데요. 원래 페니드(약 이름)를 반 개씩 두 번 먹었는데, 약 지속 시간이 너무 짧은 거예요. 그래서 약을 한 번 먹으면 먹는 걸 또 까먹어요. 그래서 일주

일치를 주셨는데 세 번 먹고 다 남겨 가는 거예요.

약을 먹으면 개선이 되지만 약 먹는 일을 자주 잊는
다. 에이디에이치디 관리에는 약 먹는 시간이 중요했다.
원래 먹은 페니드는 네 시간만 지속하는 약이라 잊기 쉬
웠다. 지금 먹는 콘서타는 지속 시간이 열두 시간이라 하
루에 한 번만 먹는다. 그런데 하루 한 번 먹는 시간도 잊
어서 병원 갈 때마다 남은 약 분량은 빼고 받았다. 약은
효과가 있었을까?

저는 일단 제가 좀 신기했던 게, 저는 처음에 플라시보 효
과인 줄 알았어요. 제가 먹는 용량이 제일 작은 거예요. 18
밀리그램 정도. 제일 작거든요? 그게 초등학교 남학생 저
학년들, 20킬로그램인 애들이 먹는 양이래요. 이상하게 저
는 그것만 먹고 바로 효과가 나왔어요. 플라시보 같은데 아
니래요, 의사 선생님이. 원래 제가 영화나 드라마를 보면
아무리 재밌어도 중간중간에 10분에 한 번 정도는 생각이
안드로메다까지 가요. 근데 약을 먹으면 한 태양계에서 멈
춰요. 설명이 이거밖에 안 돼요. 진짜 이거밖에 설명할 길
이 없어요. 원래 안드로메다까지 뻗어 나가는데, 이제 태양
계에서 멈춰요.

생각만 멈추지 않고 일상에도 변화가 생겼다.

두 번째로는 물건 챙기는 거를 덜 까먹어요. 제가 약을 안 먹으면요, 전기장판을 끄는 것을 까먹어서 학교에 있을 때 엄마한테 연락이 오기도 하고요, 교실 열쇠 안 챙겨서 행정실에 가서 열어달라고 부탁하기도 해요. 그런데 약 먹은 뒤로는 교실 열쇠를 두고 간 적이 한 번도 없어요.

약을 먹고 시간이 얼마 안 돼 차분해지고 말실수가 줄었다. 원래는 말실수를 많이 해서 자주 혼났다. 달라진 상태를 확연히 느끼지만, 그래도 약을 먹는 일은 자기가 하는 선택이었다.

제가 사회생활을 안 했으면 약을 안 먹었을 거 같거든요. 제가 지금 대학생이었다면 저에게 있어서 충동성은 그렇게 나쁘지만은 않은 거 같아요. 제 삶의 원동력이라 생각했고요. 도전 정신이 너무 긍정적인가요?

상아는 스스로 불편하지는 않지만 사회인으로서 자기 몫을 잘하려고 약을 먹는다. 굳이 먹을 필요가 없어도 사회생활에 폐를 끼친다면 먹어야 한다고 늘 생각한다. 능력과 사회성은 당연한 일이 아니었다. 능력이 없거나 사회성이 부족하다는 말이 사람을 비판하는 무기로 쓰이는 현실이 정당한지 고민했다.

상아에게 반대되는 상황을 물었다. 교실에 충동성 강한 학생이 있다면? 친구들하고 맺는 사회생활에는 문제가 없는데 담임 교사가 힘들다면? 학교 현장에서 에이디에이치디 진단을 받은 학생이 하는 투약은 말하기 조심스러운 주제다.

담임에게 폐를 끼친다면 사회생활에 문제 있는 거 아닌가요? 담임 교사가 수업을 원활하게 진행하지 못하게 하면 학급 친구들에게 자동으로 피해를 주는 거잖아요. 저는 담임이 견딜 필요는 없고, 학생도 약을 먹어야 한다고 생각해요. 저도 같이 약을 먹어야 되는 입장이지만, 싫은 거는 선생님들이 충동적인 애들만 보면 다 에이디에이치디래요. 그런 말 들을 때 가끔 짜증나요.

상아는 동료 교사들이 에이디에이치디를 너무 쉽게 말한다고 생각했다. 충동성은 성격 때문일 수도, 느린 발달 때문일 수도 있다. 내 경험도 같았다. 몇몇 교사는 다루기 어려운 학생을 진단명으로 이해하려 했다. 경계선 지능, 에이디에이치디, 자폐 스펙트럼이 자주 동원됐다. 상아도 교사들이 에이디에이치디를 이해하는 전형적 방식에 불만이 있었다.

상아는 에이디에이치디 학생이 특수 교육 대상자가 돼도 괜찮겠다고 말했다. 현재는 에이디에이치디 진단만으로는 특수 교육을 받기 어렵기 때문이다. 교육적으로 보면 느린 학습자에게 하는 지원은 상식적이다. 여기에서는 에이디에이치디도 서로 차이가 커서 통합된 지도가 어렵다는 점이 중요하다.

에이디에이치디 교사의 맥락

몇몇 교사가 섣부르게 한 추측하고 다르게 에이디에이치디를 진단받은 학생을 상아는 잘 이해할 수 있을까?

근데 제가 이걸 열심히 생각해봤는데요. 저는 주의력이 낮고 충동성이 큰 에이디에이치디예요. 근데 사회적으로 알려진 에이디에이치디는 남학생들이 약간 과잉 행동에다가 폭력적인 성향이잖아요. 전 그런 게 하나도 없거든요? 주의력이 낮은 여자에게 많이 나타나는 조용한 에이디에이치디라서 남학생들의 폭력적인 성향을 다른 선생님과 똑같은 정도라 생각하고. 제가 더 잘 이해한다면 엠비티아이가 에프이기 때문이지 다른 건 아니라고 생각해요.

에이디에이치디는 에이디에이치디를 이해할 수 있다고 섣불리 예상했지만, 상아가 한 대답은 달랐다. 에이디에이치디는 다양하다. 충동성 조절이 어려운 유형이나 주의 산만 유형, 또는 혼합형 유형처럼 차이가 있다. 상아는 자기가 겪은 유형의 에이디에이치디를 잘 이해할 뿐이었다. 그래서 주의력이 낮지만 독서는 많이 하는 학생들을 보면 쉽게 이해가 됐다. 주의력이 낮은 상아가 직장인, 특히 교사로서 일하기는 쉽지 않아 보였다. 정해진 시일까지 서류를 넘겨야 하거나 학생들 상태를 보고 메모해 안내하는 일처럼 구체적인 업무가 있기 때문이다.

저는 어려움이 많이 있다고 생각은 하는데요. 이게 에이디에이치디 때문이라고 생각하진 않았던 거 같고요. 그냥 새내기 교사로서 적응하는 데 어려움이 있는 거 아닐까요? 모든 일을 해도 똑같다고 생각해요. 학생이 아파서 보건실 갔다 왔다고 연락해야 하는데 까먹어서 못 드렸다가 민원 전화 받고 그렇거든요.

상아가 업무를 어려워하는 이유는 집중력이 낮은 탓도 있지만 경험이 부족한 문제도 있다. 더구나 같은 학년 교사들은 모두 경력이 많아서 모르는 업무를 그때그때 묻기 부담스러웠다. 그래서 어려운 업무를 혼자 극복하고는 했다. 게다가 우울증 뒤 찾아온 기억력 감퇴도 영향을 줬다. 에이디에이치디가 있는 사람을 에이디에이치디 보유자로 보지만 그 사람이 하는 행동에서 에이디에이치디가 차지하는 몫을 구분하기는 어려웠다.

상아는 우울증 이야기도 했다. 우울증 뒤 악몽을 꿨다. 수면에 어려움도 겪었다. 서이초등학교에서 죽음을 맞이한 선생님하고 동갑인 상아가 우울증이 있다는 사실이 슬펐다. 교사도 우울증을 겪을 수 있었지만, 새내기 교사가 우울증을 담담하게 털어놓는 상황은 납득이 어려웠다. 교사들이 어쩔 수 없이 정신과에 가는 상황과 정신과에 가는 일이 당연하게 여겨지는 상황은 다르다.

약간 학교에서 숨이 안 쉬어졌어요. 진단은 우울을 받긴 했는데요. 학교에 있을 때 애들이 너무 버겁게 느껴지고 화장실로 도망치고 싶고. 정말 그러면 안 되는데, 가끔 화장실 들어가서 1분 정도 숨 돌리고 들어갈 때 있고요. 스트레스를 풀려면은 운동을 가야 한다는 걸 제가 잘 알아요. 그런데 운동을 못 가겠는 거예요. 눈물이 힘 하나도 없이 나와요. 일상생활이 안 되고 성격이 변하는 게 느껴졌어요. 저는 원래 그렇게 예민한 스타일은 아니거든요? 상처를 잘 받게 되고, 약간 누군가 대화할 때 저 사람이 학부모처럼 느껴지고, 무슨 말을 할 때 민원처럼 들리는 거예요. 그냥 하는 말인데 나를 탓하는 거 같고, 예민해지고, 성격이 변하고, 우울하고, 희망이 없다?

성격이 낙천적인 상아는 '좋았으면 추억이고 나빴다면 경험이다'는 말을 좋아했다. 힘든 일도 자기를 성장시키는 경험이라고 생각했다. 그렇지만 새내기 교사로 1년을 겪으니 이 말이 쓸모없게 느껴졌고, 더는 힘이 되지 않았다. 아이들을 사랑하고 싶은데 화를 내는 상황이 힘들었다. 이런 감정 때문에 답답해지기 시작했다.

저는 애들을 사랑해주고 싶은데 하루 종일 화를 내야 하니까 너무 힘든 거예요. 이게 답답함의 시작이었어요. 화를 내고, 목이 아프고, 화를 내고 있는 상황이 답답했고, 학부모도 제가 연락을 만날 해야 하는 게 힘들었어요. 연락을 안 하고 싶어요. 왜 소통을 중시하는지도 모르겠어요. 보호자 메시지 알람은 꺼놓아요. 다음 날 아침에 확인하면 쌓여 있어요. 8개, 9개 쌓여 있고 이래요. 다음 날 보면 숨이 턱 막혀요. 학부모들은 저를 감정 쓰레기통으로 여기는 거 같았어요. 제가 학부모님들의 마음에 공감을 해줘야 한대요. 그 이야기를 많이 들었어요. 그것도 이해가 안 가요. 저는 학생의 교사이지 학부모의 교사가 아닌데.

새내기 교사 상아가 느끼는 우울과 답답함은 원인이 복합적이었다. 지도하기 어려운 학생들, 보호자에게 해야 하는 감정 노동, 새내기 교사가 겪는 어려움. 학부모가 하는 생각하고 다르게 학생들은 교사가 하는 말을 실천하지 않는다. '학교에서 어떻게 가르치길래'라는 말은 완벽한 무지다. 학교는 폭력이나 차별을 가르친 적이 없다. 교사는 학생, 학부모, 동료 교사하고 끊임없이 협상한다. 이 협상 과정에서 겪는 어려움은 그동안 잘 드러나지 않았다. 상아도 능력 부족을 탓했지만, 노동자인 교사에게 너무 많은 관계가 연결된 현실에 주목하는 사람은 적었다.

가르치고 돌보는 일은 구체적이라 매뉴얼로 정할 수 없었다. 성인기에 에이디에이치디를 알게 된 상아는 그래도 자기 몫을 했다. 메모하고, 기록하고, 약을 먹었다. 에이디에이치디를 더 일찍 알면 삶은 달라질 수 있을까.

저는 달라졌을 것 같기도 하고, 좀더 사람이 자존감이 높아지지 않았을까 해요. 제가 잘하는 것 못하는 것 대비가 큰데, 균형을 맞추는 데 고등학교 때 힘들어했거든요. 빨리 알았다면 공부를 할 때 인정을 하지 않았을까 싶어요. 저는 덜렁거리는 저를 정말 싫어하거든요. 애기 취급받는 걸 싫어해요. 애정이라는 걸 아는데도, 동갑인데도 고민 이야기했다가 반응이 동생 같다는 거예요. 어른스럽고 성숙하고 그런 것에 집착해요. 그런데 만약에 빨리 알았으면 저를 싫어하는 게 덜했을 거 같아요. 내가 그럼 그런 거구나 받아들이면 기회가 왔을 때 받아들일 수 있다고 생각하거든요. 자존감 높은 사람이 나에게 온 기회를 더 잘 잡지 않았을까 싶네요.

학교 현장에서 '자존감'이라는 말을 많이 쓴다. 어린이들의 자존감이 학습과 대인 관계에 중요하기 때문이다. 그렇지만 상아처럼 일상 기능이 부족하면 자존감이 높기 어렵다. 사실 자녀가 일상생활에서 어려움을 겪는 현실을 아는 보호자들은 에이디에이치디 진단을 받아볼지, 약을 먹여야 하는지, 약은 장기적으로 부작용이 없는지를 고심한다. 그렇지만 상아는 진단명을 알고서 자기를 더 잘 이해했다. 자기를 이해하는 데 진단명이 중요하다면, 상아가 한 생각대로 진단이 자기를 받아들이고 사랑하는 데 중요하다면, 진단을 받아야 한다. 상아는 늦게 안 진단을 자기를 이해하는 자원으로 사용했다. 그래서 편안했다. 이런 편안함이 필요한 사람이 상아만이 아니다.

4부

~~~

얽힘

11장

내 지혜대로 하고 내 생각대로 하니까

두 번째 정년퇴직 앞둔 초등학교 청소 실무사

일상은 수동으로 돌아간다. 많은 사람이 쏟은 노력이 모여야 일상이 유지되기 때문이다. 버스 운전기사, 급식 조리 종사원, 청소 실무사 등 긴 목록을 작성할 수 있다. 그래서 일상을 유지하는 일들이 더 부각돼야 한다. 그중 청소는 일상에서 없어서는 안 될 중요한 부분이고, 삶을 돌보는 일이기도 하다. 청소 노동은 공간을 깨끗하고 깔끔하게 만드는 데 그치는 일이 아니라, 안전사고를 막고 공간을 위생적으로 이용할 수 있게 하는 구체적인 노동이다. 공간을 사용하는 사람을 고려하는 보살핌 노동이기도 하다. 미술가 미얼 래더먼 유켈리스는 이런 일상적 노동을 '유지의 예술(Maintenance Art)'이라 명명했다.

공간을 깨끗하게 하는 청소 노동자의 목소리가 듣고 싶었다. 몸을 아프게 하는 업무는 없는지, 일할 때 어떤 구체적인 어려움을 겪는지 알고 싶었다. 초등학교에서 청소 실무사로 일하는 만 64세 여성 성주(가명)를 만났다.

청소 일

내가 전에는 학교 급식 일을 했어요. 정년퇴직을 하고, 고용보험을 타고, 그 기간이 끝나 유치원에서 조리사로 일했어요. 유치원에서는 오전 11시 30분까지 아이들 식사를 준비해야 하고 오후에 또 간식을 해야 해서 바빴어요. 그랬는데 조리실에서 같이 일한 사람이 조리 일보다 청소 일이 괜찮다, 여유가 좀 더 있다, 급식 일이랑 달리 시간 조절을 할 수 있다고 하더라고요. 그래서 학교 청소 실무사 자리가 났다고 해서 하게 되었습니다.

청소 일이 처음이라 초반에는 적응이 어려웠다. 그렇지만 일을 하면서 요령이 생기니 괜찮아졌다. 성주는 공무직이다. 공무직은 교육청 소속 무기계약직이다. 무기계약직은 고용이 보장되는 직종이다. 물론 청소 공무직의 정년퇴직 나이는 만 65세이므로 성주는 곧 두 번째 정년퇴직을 맞는다. 방학 중에는 급여나 근로 조건이 학기 중하고 다를까?

똑같아요. 학생들이 방학 중에 안 나오니까 대청소를 해요. 바닥을 깨끗하게 물청소를 하거나 차근차근 청소를 합니다.

교육 공무직은 둘로 나뉜다. 방학 때도 일하는 사람(상시 근무자), 방학 중에는 일하지 않는 사람(방학 중 비근무자). 급여에 차이가 있다. 방학 중 비근무자는 방학 중 급여가 없다. 물론 휴가비와 수당은 있다. 성주는 방학 때도 일하는 상시 근무자였다. 내가 이 질문을 한 이유는 떠오르는 일이 있기 때문이었다.

조희연 서울시교육감은 2020년 코로나 팬데믹 국면에 에스엔에스에 학교에는 '일 안 해도 월급 받는 그룹'과 '일 안 하면 월급 받지 못하는 그룹'이 있다고 썼다. 동료 교사들은 발끈했다.* 나는 코로나 시기에 학사 일정이 연기돼 계속 '방학'인 사람이 있다는 사실을 알아서 납득했

---

* 김민정, 〈"교사는 일 안하고 돈받는 그룹?" 조희연 실언에 교사들 발끈〉, 《에듀프레스》 2020년 3월 15일.

지만, 몇몇은 '일 안 해도 월급 받는' 교사를 지칭한다고 해석했다. 동료의 생계가 흔들리는 상황을 지적한 글은 세심하지 못한 표현 탓에 논란으로 소비됐다. 그 뒤 조희연 교육감은 사과문을 올렸다.

중앙 출입구 현관 바닥을 기름걸레로 닦고 양옆 출입구 복도 총 세 군데를 기름걸레로 먼저 닦습니다. 또 다 하고 나면 2층에서부터 변기 하나하나 다 봐야 돼요. 애들이 물을 잘 안 내려 가지고. 손 씻는 곳은 금방 닦아놓고 다시 보면 금방 더러워져 있어요. 바쁠 때는 또 보진 못하고요. 변기를 하나하나 다 봐야 해요.

돌보는 일들이 그렇듯 성주가 보내는 하루는 구체적인 일들의 연속이었다. 나는 저학년 어린이들이 변기를 잘 안 내리겠지 예상했지만, 성주는 전혀 다른 답을 했다.

저학년? 저학년이 더럽지는 않는데, 그냥 다 물을 잘 안 내려요. 대변을 보고 물을 안 내리는 거 처리를 하려면 좀 그렇죠. 막혀 있는 것도 있어요. 애들이 휴지를 너무 많이 넣고 그럼 막히더라고요. 애들이 조금만 신경 써서 물을 좀 내리면 괜찮은데, 말해도 안 되니까. 서쪽 라인에는 더군

다나 변기 손잡이가 너무 뻑뻑해요. 그런데 또 여긴 거울이 쪼그매서 좋아요. 동쪽은 거울이 너무 커요. 애들이 거울에 물방울 튀겨놓으면 닦아놓아도 금방 더러워지고, 닦으려면 좀 그렇죠.

일하는 사람이 마주한 환경은 구체적이었다. 학생들이 변기 사용할 때 주의할 사항을 담임 교사들에게 전달하지만 매번 잘 지켜지지는 않았다. 변기가 막혀 있으면 노동 강도는 높아진다. 변기 손잡이가 뻑뻑하면 내리기가 어렵다. 내리기가 어려우면 더 많은 힘을 써야 한다. 그런데 또 이쪽 화장실은 반대로 거울이 작아서 닦는 데 품이 덜 든다.

화장실 노동은 화장실에 자리한 사물들을 대면하는 일이었다. 이 사물들 사이의 차이를 알 수 있는 일이었다. 나는 변기 손잡이가 뻑뻑한지, 거울의 크기가 작은지, 변기는 몇 개인지는 생각해본 적이 없었다. 그런 사물들이 성주에게는 노동의 조건이었다. 닦고, 쓸고, 뚫는 일을 하는 성주가 건강은 어떤지 궁금했다.

그런 건 별로 없고. 계속 오른팔을 주로 많이 사용해서 가끔 아프고. 일을 많이 하면은 조금 무리가 오긴 해요. 통증

까진 아니고 조금 아플 때가 있어요. 저번에는 다른 데는 담이 들었어요. 그리고 거울 같은 거 닦을 때 세정제를 뿌리잖아요? 세정제가 건강에 안 좋대요. 그래서 제일로 신경 쓰이는 건 화학 약품을 쓰는 것이에요. 처음에는 화장실 청소 때 독한 약을 썼는데, 지금은 독하지 않은 약을 써요. 교육지원청에서 하는 안전 교육에 갔더니 다른 학교에서 일하는 실무사가 훨씬 나은 약품을 알려줘서, 그걸 행정실에 말해서 지금은 별 부담은 없어. 처음에는 약품이 독해서 하기가 싫은 거야. 그리고 독하니까 목이 칼칼하면서 감기가 와요.

청소는 화학 약품을 자주 쓰는 일이지만 위험은 노동자 개인이 대처하고 있었다. 안전 교육은 있었다. 같은 지역에 근무하는 청소 실무사가 교육지원청에 모여서 안전 교육을 받는다. 성주는 1년에 네 번쯤 받는다고 기억했다. 안전 교육에서 공식적 지식과 비공식적 지식을 얻었다. 청소 약품 이야기도 그중 하나다.

화장실이 깨끗하지 않다는 이야기를 들은 한 청소 실무사가 해골이 그려진 약품을 희석하지 않고 화장실에 확 붓자 연기가 올라왔다. 연기를 마신 실무사는 병이 났고, 그 뒤 그 약품은 안 쓰게 됐다. 성주는 다른 청소 전용 액

체를 쓸 때 눈에 거부감을 느낀 적도 있었다. 깨끗함 안쪽에는 몸 이야기가 자리했다.

학교 급식 조리 종사원도 청소와 세척 과정에서 화학 약품을 쓴다. 과학 실험 준비를 돕는 과학 실무사도 화학 물질에 노출되기 쉽다. 학교가 돌아가는 일은 화학에 밀접했다. 약품과 몸은 서로 얽혀 있지만 아프거나 이상이 생기는 장소는 개인의 몸이었다. 그래서 아픈 몸은 개인의 일로 여겨졌다. 그렇지만 개인적 이유로 아픈 사례는 아니니까 직업성 질환일 가능성을 세심히 고려해야 한다(과학 실무사는 특수 건강 검진 대상이고 급식실 근무자도 보건증이 필요하다).

사람이 하는 일

나이 든 사람도 직업이 필요하거나 경제 활동이 필요한 때가 있다. 그런데 기회가 적다. 성주는 자기가 택한 청소하는 일을 어떻게 생각하고 있을까.

만족하는 거 같아요. 왜냐하면 학교니까, 나의 일이니까. 나 혼자 할 수 있으니까. 내가 내 지혜대로 하고 내 생각대로 하니까 괜찮은 거 같아요.

청소하는 일은 신경 쓸 곳이 많았지만, 재량도 있었다. 학교에는 스트레스를 주는 사람도 별로 없다. '나이먹은 사람'이 청소를 해서 학생들이 인사도 잘했다. 일하면서 바뀌어야 한다고 생각하거나 부담스럽게 여긴 문제도 있었다.

애들이 물을 좀 잘 내렸으면 좋겠어요. 화장실에 지금 쓰는 휴지는 물에 내려가는 거라서 거기다 버리면 되는데, 휴지를 여자 화장실 생리대 수거함에 넣는 애들이 있어요. 그러면 또 일일이 꺼내야 해서 어려워요. 선생님들에게도 애들에게 이야기해달라고 말했고, 선생님들도 두세 번 이야기했는데, 그랬는데 수거함에 꽉 찰 때까지 넣는 아이도 있었어요. 시정이 안 되더라고요. 1층 화장실 같은 데는 애들이 물 같은 거 뿌리고 운동장에서 축구나 운동하고 어떤 때 보면은 그 속에 모래가 많아요. 흙모래 같은 게 세면대에 있어서 좀 막힐 수 있지 않을까 싶어요.

학교 업무에서 바뀌어야 한다고 이야기할 부분은 별로 없었다. 성주는 학생들이 화장실을 사용하는 방식이

고민이었다. 어린이들은 화장실을 종종 더럽혔다. 휴지에 물을 묻혀 천장에 던지는 휴지 폭탄을 만들었고, 수채화 그릴 때 사용한 색색 물을 세면대 이곳저곳에 흘렸다. 청소를 하는 사람과 하지 않는 사람은 같은 공간에 있어도 처지가 달랐다. 청소 일은 티가 잘 나지 않았다. 그런데 성주가 없을 때는 하루 만에 티가 났다. 학교는 수동으로 돌아가고 있다.

'공간 빈곤'도 일하는 사람에게 중요하다. 가끔 이동 노동자들이 이용할 수 있는 휴게 공간을 거리에서 마주친다. 물론 편의점 앞 의자에 앉아 휴대폰을 보며 콜을 기다리는 배달 노동자도 있었다. 많은 배달 노동자가 공간 빈곤을 겪고 있었다.

언젠가 집 근처 먹자골목에 갔는데, 열두 시가 넘은 심야 시간인데도 열 명 넘는 사람이 편의점 밖 야외 의자에 앉아 휴대폰을 보고 있었다. 대리운전 콜을 기다리는 이들이었다. 대리운전업 종사자들이 모인 인터넷 카페 이름은 '새벽을 달리는 사람들'이다. 이 카페에서 '첫차'를 검색하니 많은 글이 나왔다. 새벽을 달리며 일하다가 첫차 타고 퇴근하는 사람들은 어디서 달릴 준비를 하고 쉬는 걸까? 적절한 휴게 시설은 규정이나 법이 아니라 일상에서 체감할 수 있어야 한다.

청소 노동자들은 창 없는 지하나 계단 밑 휴게실에서 쉬거나 화장실에서 식사하기도 한다.[*] 성주는 휴게 공간에 불만이 없다고 했다. 편안한 공간에 침대도 있다. "확실히 조금 쉬는 것하고 안 쉬는 것은 틀려요." 이런 말을 들은 나는 동의를 구하고 성주가 쓰는 휴게 공간에 들어갔다. 청소 도구와 소모품 박스들이 입구 왼편에 쌓여 있었다. 직사각형 모양으로 길쭉한 방이었고, 문에서 가장 먼 끝에 침대가 있었다. 침대가 맞닿은 벽에 창문도 보였다. 책상은 침대 밑에 있었다. 커피도 마시고 식사도 할 만한 공간이었다.

학교 와서 일을 하면 아이들이 참 예쁘더라고요. 아이들 예쁘게 봐주고, 어떤 때는 내가 '왜 울었어? 힘들었어?' 하기도 합니다. 쓸데없는 일 하나 생각하기도 하는데요. 딱 보면 알잖아요. 급해서 뛰어오는 아이 보면 '늦었어?' 말을 할 때도 있어요. 이렇게 해도 좋을 것 같아요.

〰〰〰〰

[*] 남혜정, 〈창 없는 지하·계단 밑 휴게실 공간 여전…"아직도 사람 취급 안 해"〉, 《세계일보》 2019년 11월 23일; 윤정식, 〈[발품뉴스] 변기 옆 '한 끼', 하수구 옆 '쉴 곳'…청소노동자의 휴식〉, 《JTBC》 2022년 7월 2일.

학교에서 청소 일을 하는 사람들에게 전하는 말이었다. 성주는 가끔 어린이들에게 말을 건네는 자기가 쓸데없는 일을 하나 고민했다. 그렇지만 충분히 할 수 있고 필요한 일이었다. 성주는 청소하는 사람이지만 어린이들에게 어른으로서 할 말도 했다. 또 다른 관계이자 돌봄이었다. 청소 일은 성주가 해야 할 몫이지만, 학교에는 청소가 아닌 만남도 많았다.

성주는 얼마 전 한 어린이에게 샤인머스켓을 받은 이야기를 했다. 성주가 청소하는 모습을 자주 지켜보는 학생이었다. 학생이 요리 실습 시간에 샤인머스켓을 한 움큼 담은 컵을 성주에게 가져왔다. 학생은 뿌듯했고, 성주는 맛있게 먹었다. 주고받기는 눈부신 일이었다. '학교 가서 선생님 말씀 잘 들으라'는 말이 있지만, 학교는 선생님만 말하는 곳은 아니다.

12장

지방 교사 분투기

농촌 학교에 근무하는 초등 교사

사람들은 지방이면 지명을 잘 틀린다. 나는 대학교에서 만난 사람들에게 '보령' 출신이라고 말했는데, 몇몇은 '보성'으로 들었다. 한두 번이 아니었다. 사람들은 지명을 대표 음식이나 장소로 기억했다. 전라북도 순창군 출신 친구는 순창이 고향이라고 하면 사람들이 고추장만 들먹인다고 했다.

그렇지만 서울은 동네 이름까지 안다. 압구정, 성수, 청담은 서울에 있는 한 동네이지만 아무도 서울시 강남구 압구정동으로 부르지 않았다. 보령시는 자주 틀리지만 서울은 동네 이름까지 안다. 모두 안다고 생각해서 그런지 텔레비전, 뉴스, 신문, 유튜브에서는 서울 동네 이름은 그대로 말했다.

서울이 아닌 곳에 사람이 더 많이 사는데도 서울은 기준이었다. 지역에서 들려주는 다른 이야기가 필요했다. 전라북도 농촌 지역에서 근무하는 초등학교 교사를 만났다. 전라북도에는 14개 시와 군이 있다. 정부는 인구 감소의 지속성과 인구 감소 추세를 반영해 인구 감소 지역을 지정한다. 전라북도에서 인구 감소 지역으로 지정된 지자체는 10개다. 게다가 다문화 아동 비율이 증가하고 있다. 다문화 초등학생 비율이 20퍼센트에 이르는 지역이 전북에 있다. 물론 이런 증가는 '문제'가 아니고 해석해야 할 '정보'에 가깝다.

나는 수도권에 근무하고 있어서 지방 교육 환경은 에피소드 몇 개만 들었다. 조림(가명)을 만나 더 자세한 이야기를 듣고 싶었다. 8년 차 교사 조림은 전라북도 인구 감소 지역에 근무한다. 군청 소재지 근처 조금은 큰 학교에서 근무하다가 4년 전에 지금 있는 규모 작은 학교로 옮겼다. 전교생이 40명 정도이고 주변에 축사가 자리한 면 단위 농촌 학교다. 전교생이 40명이면 한 학년(한 반)이 6~7명인 학교다.

농촌 학교 이야기

조림은 자동차가 있어서 지금 학교에 근무하기 괜찮았다. 학교 근처에 별다른 시설이 없어서 학생들이 놀 거리가 없는 듯 보였다. 놀 거리가 없으니까 학생들은 게임과 유튜브를 자주 했다. 조림이 경험한 농촌 학교는 다른 학교나 도시 학교하고 무엇이 달랐을까.

6학년 학생인데, 과학 시간에 모형 만들기를 하는데 5.5센티미터로 자르라고 했었는데, 소수의 개념이 없어서 어디서부터 가르쳐야 되지 싶었고. 다른 애들은 지금 몇 시인지 묻더라고요. 처음에는 수업하기 싫어서 선생님한테 반항하는 줄 알았어요. 그런데 진짜 시계를 볼 줄 모르는 거예요. 글을 못 읽는 고학년 학생도 있었어요. 예를 들어서 '안녕하세요'를 '아녀하세요'같이 받침을 못 읽는 거예요. 어떤 학생은 앉아 있질 못하고 굴러다니고 바닥에서 떼쓰고 그런 상태였는데, 이럴 수 있구나 싶었어요. 너무 수준을 맞추기가 어렵고. 학습 부진이나 학습 격차가 너무 차이가 심하고, 어디서부터 수업을 해야 하나 싶어서 문제가 많다고 느꼈죠. 6학년인데 영어 소리를 못 읽어서 점심시간에 같이 가르쳐서 알파벳 읽는 법을 떼주고 그랬고.

고등학교 2학년과 중학교 3학년 학생 일부가 참여한 '국가수준 학업성취도 평가'의 성취 수준 결과(2020년)를 보면, 도시와 농촌의 격차는 줄거나 늘지만 차이 자체는 여전히 있다. 오래된 통계를 봐도 도시와 농촌의 학습 격차가 뚜렷하다. 도시와 농촌의 격차는 숫자로 확인할 수 있지만, 차이의 깊이는 조림이 한 말에서도 알 수 있었다. 수업의 틀이 적용되지 않는 상황에서 교사들은 교육 내용을 새롭게 구성하는 이른바 교과 재구성을 할 수밖에 없었다. 때로는 수준을 낮춰서 수업을 진행했다. 엄격한 평가보다는 자율적 평가를 권하는 분위기도 학력 저하에 영향을 미친 듯하다고 조림은 추정했다.

지방 소멸을 체감은 여태까지 했거든요. 복식 해소 강사를 뽑아야 하거나 그랬으니까요.[*] 지금까지는 ○○군에 있는 몇 개의 학교만 1학년 입학생이 없다면 올해(2023년)부터는 소규모 학교의 3분의 1 이상이 1학년 입학생이 없는 것으로 알고 있습니다. 소위 말해서 학생을 당겨와야 하는 상황인 거죠. 제가 들은 이야기 중에 하나를 말씀드리면, 선

---

[*] 복식 학급이란 한 교사가 두 개 학년을 가르치는 학급을 말한다. 각 학년 학생이 극소수일 때 운영하는데, 복식 해소 강사를 뽑아 학생들을 지원하기도 한다.

생님들이 학교 인근이나 근처 도시의 주거 지역으로 찾아가 전단지 돌리듯 학교 홍보 자료를 아파트 우편함에 넣었다는 이야기도 들었어요. 폐교하는 학교가 늘어나는 것이 당면 과제가 된 거죠.

3년간 휴교를 하는 학교는 폐교 절차에 들어간다. 휴교는 신입생이 안 들어오거나 재학생이 많이 나가서 학교가 기능을 할 수 없을 때 실시한다. 현재는 신입생이 없거나 적은 학교가 늘고 있고, 졸업생은 해마다 학교를 나간다. 결과적으로 작은 초등학교는 10년 안에 무더기 폐교에 들어갈 위험이 있다.

조림은 무더기 폐교가 가능하다고 봤다. 유치원이 직격타를 맞아 휴원하는 곳이 내년부터 쏟아진다고 했다. 유치원은 초등학교의 가까운 미래다. 초등학교도 유치원하고 똑같은 운명을 앞뒀다. 지역 공동화를 염려하는 목소리도 있었다. 학교가 줄어드니 거주민이 더 준다는 걱정이었다.

저는 그런 시각을 많이 접했는데. 그것도 좀 외부인의 관점의 말이라는 생각이 드는데요, 제가 봤을 때 폐교가 진행되는 학교는 이미 공동화가 되었어요. 저희 학교도 다른 학구에서 오는 아이들이 있어요. 몇 년 전부터도 이미 저희 학구에서 애들이 많지 않았어요. 이 학교가 있어서 마을이 유지되고 그런 건 아니에요. 저는 '영끌(영혼까지 끌어모으기)'이라고 생각이 들었거든요? 더 이상 아이들을 빌려오지 못하는 상황이 오면…….

농촌 학교에는 이미 다른 학구에서 오는 학생들이 있었다. 절박한 유치전을 펼친 덕분이었다. 이미 '마을 학교'라는 개념이 붕괴되는 중이었다. 그래도 학교를 되살리려는 노력은 다양했다. 농촌이나 지방의 작은 학교는 더 긴 돌봄 시간을 보장하거나 색다른 방과 후 프로그램을 기획해 다른 지역 학생들을 끌어들이고 있었다. 지방 학교와 농촌 학교 학부모들도 여러 가지 민원을 제기했다.

방과 후 프로그램에 승마를 넣어달라거나 제2 외국어를 넣어달라, 원어민 교사를 바꾸라는 민원을 제기하기도 해요. 시골 학교의 돌봄 프로그램을 노리고 전학시키는 부모도 많아서 학생 유치를 위해 오후 다섯 시까지나 저녁까지 돌봄을 하는 경우도 많은데, 가끔 학교가 도시 애들 돌봄을 위해 있는 건지 헷갈리기도 하네요.

학교에서 말하는 돌봄은 방과 후 돌봄교실이다. 학교 생존과 학생 수 유지 때문에 돌봄교실에 공력을 쏟는 현실을 조림은 걱정했다. 스키, 승마, 드론, 골프 프로그램을 제공하는 학교도 있었다. 돌봄과 방과 후 프로그램이 농촌 학교의 '셀링 포인트'라는 점은 공적 돌봄이 얼마나 부실한지를 보여준다. 현재 공적 돌봄 시스템은 포화 상태다. 초등 돌봄교실 대기자가 전국적으로 약 9000명이라는 보도도 있다.[*] 밤 여덟 시까지 돌봄교실을 운영하는 저녁 돌봄을 도입하겠다는 이야기도 나온다. 도시 지역에서는 태권도 학원이나 교과 학원이 사실상 돌봄교실 기능을 한다. 사는 곳과 자원에 따라 돌봄 시설도 격차가 있다.

농촌의 맥락

도시에 견줘 지방과 농촌에 결혼 이주 여성을 비롯한 이주민과 외국인이 많이 진입했다. 미디어는 그래프와 지도로 이주의 크기를 보도했다. 일상적으로 학생의 가족을

---

[*] 여소연, 〈초등 돌봄 교실 대기자 약 8,700명…경기도만 5,500여 명〉, 《KBS》 2023년 5월 17일.

만나는 담임 교사 조림은 농촌 인구 변화를 숫자가 아니라 경험으로 알고 있었다.

변화를 체감하는 게 아니라, 이미 적응이 됐어요. 몇 년 전 경우를 예를 들면 학급에 여덟 명의 학생이 있다면, 그중 대여섯 명이 다문화 가정의 아이였습니다. 제 지인이 맡은 학급에는 학생이 다섯 명이었는데 모두가 다문화 가정의 아이라고 했습니다. 그래서 그 선생님은 '한국어로 말하라'라는 말을 종종 했다고 했어요. 현장에는 다문화 가정과 외국인 가정 두 경우 다 섞여 있는 것 같습니다. 이주 배경 학생들의 국적도 다양해요. 필리핀뿐 아니라 제가 들었던 국적에는 우즈베키스탄, 벨라루스, 몽골, 네팔 학생도 있었어요. 중국 학생들은 원래 많았고요.

다문화 가정은 한국인과 외국인 배우자가 결혼해 생긴 가족을, 외국인 가정은 한국 거주 외국인 부모 가정을 말한다. 중도 입국 청소년도 있는데, 해외에서 자라다가 한국에 오게 돼 한국어가 익숙하지 않은 청소년을 말한다. 교육 현장에서 일단은 다문화 가정으로 분류하지만, 다문화 가정 사이에는 국적 차이뿐 아니라 언어와 문화 차이도 있다.

한국인 안에서도 학습 격차가 크지만 외국인이나 다문화 배경 어린이에게는 언어 장벽까지 더해졌다. 주 양육자인 어머니가 쓰는 언어로 가정통신문을 보내는 학교 이야기를 들은 적이 있다.

그런 게 이미 있어요. 수학여행 버전, 현장학습 버전 이렇게 되어 있어 가지고. 이게 한 12개 언어로 되어 있어 가지고요.* 제가 받아놓고 요긴하게 쓰는데요. 제가 문제라고 생각하는 것이 뭐냐 하면 물론 이중 언어 강사가 지원되어야 될 것이지만, 성차별의 문제도 있다고 생각을 하는데. 예를 들어 보수적인 한국인 남자랑 베트남 여자가 시골에 살아요. 그런 가정에서는 아이한테 엄마의 언어를 가르치는 걸 원하지 않아요. 베트남 엄마도 한국말을 못 하는데 베트남 엄마가 하는 한국어를 듣고 애가 자라요. 발음이 부정확하고 이런 문제도 있잖아요. 아이들이 베트남어도 못하고 한국어도 못하는 상태로 학교에 와요. 근데 언어의 발

---

* 전북특별자치도교육청 홈페이지에는 번역 자료실이 있다. 민주시민교육과에서 사이버 성폭력 예방에 관련한 글을 올렸는데, 러시아어, 몽골어, 미얀마어, 베트남어, 아랍어, 영어, 우즈베크어, 인도네시아어, 일본어, 중국어, 캄보디아어, 태국어, 프랑스어, 필리핀어까지 14개 언어 번역본이 있었다. 교육부는 이미 〈다국어 가정통신문 이용 가이드〉를 배포했다.

달에서는 한 개의 언어라도 제대로 발달을 해야 나머지 언어를 배우는 데 수월해지는 부분이 굉장히 크거든요. 이런 식으로 기본적인 의사소통이 안 되는 상황이 너무너무 힘든데요. 어떤 문제로까지 이어지냐면, 언어를 못 배우니까 지능 검사를 하면 애들이 경계선 지능으로 나오는 거예요. 지능 검사는 한국어로 하잖아요. 베트남어로 검사를 하면 이러지 않았을 것 같은 애도 경계선 지능으로 나와요.

경계선 지능을 판정하는 문항이 한국어라서 경계선 지능이 아닌 학생도 경계선 지능으로 판정받는다. 판정은 중립적이지 않았다. 한국어로 진행하는 수업과 한국어로 제작한 교과서는 한국어에 익숙하지 않은 학생에게 부담이다. 게다가 어머니가 쓰는 언어를 배우지 못하게 하는 아버지를 둔 자녀는 언어 발달에 영향을 받는다.

그렇죠. 어머니의 언어를 익혀서 학교에 들어오면 외국어로서 한국어를 가르치는 건 쉽거든요. 그런데 두 언어 다 못하게 되면 이 학생은 어려움을 겪는 거예요. 그런 가정에서 아이는 집에서도 부모와 소통이 안 돼요.

이중 언어 강사는 두 언어를 사용해 가르치는 강사다.

한국어가 아닌 언어를 배운 어린이는 이중 언어 강사를 거쳐 학습을 지원받는다. 농촌 안에서도 가정 배경에 따라 학생들 사이에 차이가 나타난다. 언어 문제는 담임 교사가 혼자 대처하기 어려운데, 언어뿐 아니라 문화 격차도 생각해야 할 주제다.

제가 학생들에게 고흐를 기르치고 엔디 워홀을 가르치고 그랬거든요. 서울 어린이들은 지척에 갈 곳이 많잖아요. 그런데 제가 일했던 학교 같은 경우는 학교에서 체험 학습으로 영화관을 가지 않으면 영화관을 못 가는 학생들도 있는 거예요. 다른 학교에 근무하는 지인의 이야기인데요, 학생이 버스를 안 타봐서 버스를 모른대요. 기차를 안 타봐서 기차가 어떻게 생겼는지 모르고요.

문화는 무엇을 알거나 모르는 차원이 아니라 자본이다. 부족한 문화 경험은 문화와 텍스트를 이해하는 문해력 향상을 막을 뿐 아니라 사람을 사회에서 멀어지게 한다. 조림은 당연히 알고 있다고 여기던 여러 가지를 모르는 학생들을 만났다. 또한 학생들은 도시를 동경했다. 문화 격차를 해소하려고 수도권에 있는 시설을 이용하거나 체험하는 경험이 다시 도시를 더 좋은 곳으로 보게 했다.

작은 학교를 살려야 한다는 목소리가 있다. 전라북도도 여러 정책을 폈다. 전학생이 기적처럼 늘어나 소멸 위기 학교를 구하는 감동 사연도 뉴스에 나온다. 그런데도 지방 학교, 특히 농촌 소규모 학교는 소멸하고 있다.

지방의 관점

우리에게 남은 방법은 작은 학교들을 합치고 이 학교에 기초 학력을 끌어올릴 수 있는 지원을 하는 것이라고 생각해요. 시골 학생들의 학습 부진은 선생님이 추가 과제를 개인적으로 준다고 해서 극복할 수 있는 게 아니에요. 결국에는 개별 수업을 해야 하는데, 개별 지도는 지금 6학급 규모의 학교에서는 말이 안 되는 일이에요. 그거는 선생님들 과로사하는 일이라고 생각하고, 학교를 합쳐서 업무량을 줄이고 일대일 지도를 하는 시간을 늘려야만 살아남는 게 가능하다고 생각해요. 시골 학교의 고질적인 문제가 1학년 신입생을 많이 받아도 3학년 때부터 전학 가기 시작해서 6학년 되면 한두 명 남는 거예요.

6학급은 반이 6개인 학교를 가리킨다. 학년당 1개 반

씩 있다. 교사 수 차이가 큰데, 30학급이면 40명 정도이고 6학급은 7명 정도다. 더구나 6학급에는 보건 교사, 특수 교사, 사서 교사가 없는 곳도 흔하다. 같은 업무량을 나눠서 하니까 6학급 학교에서 일하는 교사는 업무를 더 많이 맡아야 한다.

농촌 학교 학생들 사이에 드러나는 질적 차이는 결국 교사가 개인 지도로 돌파해야 한다. 아니면 기초 학력 강사가 그룹 지도를 해야 한다. 초등학교 학력은 기본 학습인 만큼 놓을 수 없다. 조림은 교사 근무 환경과 학습 지도 문제를 고려해 선택과 집중을 하자고 주장했다.

농촌 학교에는 입학하는 학생도 적지만 재학생도 전학을 간다. 1학년 때 10명이 입학해도 6학년 때 절반이 남으면 성공한다. 빠져나가려 하는 분위기에서 어린이들은 자기가 사는 고장을 어떻게 보고 있을까?

탈출해야 되는 곳으로 보는 것 같아요. 언젠가는 나갈 곳. 다들 남은 기한의 차이일 뿐이거든요? 6학년 되면 전학 갈 거야, 중학교는 전주로 가야지 이런 거지, 내가 여기에 남아 있겠다고 생각하는 아이들은 거의 없었고. 서울 수도권이나 전주 같은 중소 도시로 가는 게 꿈이자 목표인 것 같기도 하다는 느낌을 받을 때도 있었어요. 학생들에게 유배

온 거냐고 말을 들었을 때 정말 충격받았었어요.

유배는 학생들만 쓰는 단어가 아니었다. 공공 기관이 지방에 내려갈 때, 지방 발령을 받을 때도 유배라는 단어는 등장했다. 지방행이 죗값일 때나 쓸 수 있는 표현인데, 요즘도 심심치 않게 눈에 띄었다. 지방은 사람이 못 살 곳으로 그려졌다. 농업을 바라보는 시선에도 격차가 있었다. 농촌에서 농업을 하며 아이를 기르면서도 농업을 전혀 가르치지 않는 보호자들도 있다고 조림은 한탄했다. 반면 작은 학교를 살리자며 농촌 유학을 오는 도시 어린이들은 한두 해 동안 농촌을 경험하고 돌아간다. 농촌은 도시 사람들에게 배움의 자원이 되지만 농촌에 사는 어린이들은 탈출을 꿈꾸는 모순된 상황이다.

지방 거주자가 느끼는 정주 여건도 중요하다. 집값과 물값이 싸서 좋지만 그 밖의 모든 조건이 단점이라고 조림은 생각했다. 인프라 격차는 확실했다. 교사로서 성장해야 한다는 관점에서 볼 때 수도권 교사에 견줘 다른 점도 뚜렷했다.

여기 와서 일을 하다 보니까 이곳에서의 삶 하루하루가 사회 운동이자 투쟁이 되었다고 생각해요. 하하. 내가 하고 있는 것은 이 학생들의 세계를 넓혀주고 알을 부셔주는 것이다, 이런 생각으로 절실하게 일하게 되더라고요.

조림은 애썼다. 무시할 수 없는 차이를 목격했다. 모르는 학생은 오늘도, 내일도, 내일모레도 모르게 된다. 그래도 분투할 수밖에 없다. 교사란 교과서를 읽는 담임이 아니라 사람을 가르치는 사람이기 때문이다. 그래서 조림은 자기 삶을 '투쟁'으로 표현했다.

13장

내가 개라면 어떨까

풀뿌리 동물 구조 단체 운영자

2019년에 동물권 단체 케어가 보호하고 있던 강아지들을 안락사한 사실이 보도됐다. 후원자들은 말할 것도 없고 평범한 사람들도 충격을 받았다. 케어 대표는 동물보호법 위반으로 1심에서 징역 2년을 선고받았다. 대표는 기자 회견에서 '인도적 차원의 안락사'라 주장했다. 그 말에 사람들은 한 번 더 놀랐다. 후원자와 사람들을 처음부터 속이려 작정한 듯한 느낌을 받은 탓이었다.

돌봄과 부양은 인간뿐 아니라 동물에도 필수적이다. 그래서 동물을 둘러싼 돌봄과 부양이 궁금했다. 이 궁금증을 해결하는 과정에서 케어 대표가 말한 '인도적 차원의 안락사'가 지닌 의미를 조금은 납득했다(옳다거나 합당하다는 말은 아니다). 구조 동물의 죽음과 단체의 지속은 생각보다 관계가 깊었다. 외부자로서 모든 동물이 소중하다고 말할 수는 있지만 동물을 직접 구조하고 돌봐야 하는 단체는 상황이 달랐다. 상황을 더 자세히 알고 싶어 동물 돌보기가 직업인 강경미 대표를 만났다.

경미는 사단법인 동물구조단체 생명공감(생명공감)의 대표다. 2009년부터 개인 구조를 시작했고, 생명공감으로 구조를 시작한 때는 2013년이었다. 10년 넘게 적자 상황에서 구조 활동을 펼쳤다. 직원이 세 명(한 명은 아르바이트생)인 생명공감이 단체를 유지할 수 있는 힘이 궁금했다. 100두에 가까운 중대형 유기견을 보호소에서 돌보고 있었다. 내가 보호소 봉사 활동에 간 날도 개들이 많았다. 버려진 동물을 돌보는 사람은 어떤 경험을 쌓고 무슨 생각을 하는지 들어봤다.

동물을 구조하는 이유

생명공감은 지역에서 개인 활동가로 일하던 사람들이 모여 시작했다. 2013년이었다. 운영하던 보호소에서 쫓겨나고 법과 재정 문제 탓에 보호소를 이전해야 할 때면 큰돈이 나갔고, 그때마다 사람들은 떠났다. 그래서 경미만 남있다.

활동하면서 바로 500두 이상 구조하면서 엄청난 비용을 쓰게 되었어요. 구조 활동이란 원래 구조할 때마다 비용이 들어가는 일이거든요. 입양 받고도 남겨진 아이들을 부양하는 문제가 커요. 케어라는 단체가 성장을 지속 가능하게 할 수 있었던 이유가 뭐냐면은요 안락사를 하면서 구조했기 때문이에요. 부양의 부담을 지지 않는 거죠.

케어는 안락사를 하지 않으면 부양에 부담이 생기는 단계에 접어들 수밖에 없었다. 그렇지만 생명공감은 안락사를 하지 않는다. 안락사에 반대한다. 개를 직접 돌보는 사람이 운영하기 때문이다.

개를 실제로 돌보는 사람들은 정이 들기 마련이고, 어떤 경우에도 함부로 죽이는 일은 할 수가 없어요. 오히려 질병이나 노령으로 죽을 때 깊은 슬픔으로 괴로워합니다. 이 슬픔에 대한 기술은 굉장히 중요한 부분이에요. 동물 구조 활동가로서 제가 성장하는 동력은 전부 그 깊은 슬픔의 경험들입니다.

경미를 이끈 동력은 슬픔이었다. 슬픔을 경험하며 동물 구조를 시작했다. 동물 구조 현장에서 '구조'란 입양을 뜻한다. 애초에 경미와 동료들이 한 개인 활동은 지자체 동물 보호소에 있는 동물(주로 강아지)을 입양자하고 연결하는 일이었다. 입양을 더 많이 보내는 활동이 '구조'다. 입양이 왜 구조일까? 입양을 보내지 못하면 유기 동물은 죽기 때문이다.

지자체 보호소에 유기 동물이 들어오면 열흘 동안 데리고 있는다. 이 열흘 안에 반환(원래 주인에게 돌려주기), 분양, 기증이 되지 않으면 안락사가 될 가능성이 높다. 그렇지만 생명공감은 안락사를 하지 않는다. 그래서 구조만큼이나 부양도 중요한 문제였다. 시 보호소에서 죽는 '애들'이 절반을 넘긴다고 경미는 말했다.

지금은 동물 구조 단체도 지자체 보호 시설에 접근하기 어렵다고 한다. 대신 '국가동물보호정보시스템(animal.go.kr)'에 구조 동물 공고가 올라온다. 2023년 12월 4일부터 2023년 12월 14일까지 열흘간 올라온 공고는 2486건이었다. 경남 거창, 경기 포천, 제주 등 공고 지역은 폭넓었다. 경미는 시간이 지나도 입양되지 않은 동물은 안락사 가능성이 높다고 했다. 유기 동물뿐 아니라 위기 동물 구조에도 부양이 문제였다.

위기 동물 구조할 때는요, 어려운 점은 대체로 입양 가능성
이 없다는 거예요. 진돗개, 믹스견, 중대형견이 그렇죠. 그
애들을 구조한다는 것은 평생 부양하겠다는 거예요. 평생
부양하는 것은 어마어마하게 힘든 일이에요.

경미는 구조를 하면서 부양을 생각했다. 100건 제보
를 받으면 두세 건만 구조할 수 있었다. 그래도 생명공감
은 시 보호소에서 안락사를 기다리는, 드라마가 없고 구
하지 않는다면 죽게 될 동물들을 구했다. 큰 단체나 작은
단체나 선택을 했다. 모든 동물을 구조할 수는 없기 때문
이다. 문제는 단체들이 모두 구하지 못하는 상황이 아니
라 유기견이 8만 마리에 이른다는 현실이다. 큰 동물 단
체인 카라와 동물자유연대는 구조도 하면서 시민이 직접
동물을 구조하도록 지원했다.

지자체 동물보호센터에서 2022년에 구조한 동물은
11만 3440마리였고, 자연사를 맞거나 안락사당한 동물
은 4만 9533마리였다.* 어떤 단체도 4만 9533마리를
구할 수는 없다. 왜 안 구하느냐고 할 수만은 없는 일이

---

* 　농림축산검역본부, 〈2022년 반려동물 보호·복지 실태조사〉, 농림축산식품부,
　　2023.

다. 선택의 문제는 '구하냐 안 구하냐'가 아니라 '얼마나 구하냐'에 관련된 사안이었다. 그래도 '마이너 단체'는 구조에 힘을 쏟았다.

사람들이 관심을 정말 가져야 할 것은, 동물은 실제로는 인간만큼이나 다양한 감정을 느끼는 존재라는 거예요. 그래서 한 마리 한 마리에 집중하셨어야 맞아요. 개 한 마리 한 마리에 눈을 들여다보고 교감하는 사람들이 많았다면요, 저희 단체도 후원금 많이 모을 수 있었을 거예요. 제가 아무리 노력해도 사람들은 거기에 관심 없어요. 보여지는 거가 즐겁죠. 뿌듯하고. 말하자면 어떤 큰 단체가 애견 농장 애들을 구조해서 그 아이들이 어느 보호소 가서 안전하게 보호되고, 이런 쇼가 재밌어요.

경미는 구조 뒤에 따라오는 책임을 말했다. 구조 쇼에 열광한 사람들에게도 도덕적 책임이 있다고 했다. 시끌벅적한 구조 뒤에 동물들은 잘살고 있는지, 부양은 잘하고 있는지, 단체는 지속 가능한지 지켜봐야 한다는 말이었다. 생명 구조는 감사한 일이다. 그렇지만 구조된 생명하고 똑같은 다른 생명은 열흘 뒤에 홀로 죽는다.

한국에서 특별한 현상이 있는데요, 유기견엔 소형견도 나름 많아요. 중대형 믹스견이 75퍼센트이고요, 24퍼센트 정도는 놀랍게도 소형견이에요. 근데 소형견엔 노견이 많다는 거죠. 한국인들은 반려견을 나이 들면 버려요. 너무너무 불쌍한 애들이에요. 걔네들은요, 어쨌든 가정집에 평생 살았던 반려견이에요. 나이 들고 병원비가 들기 시작하면 내다 버려요. 눈 하얘지기 시작하면 많이 버리세요. 보통 일고여덟 살부터는 백내장이 오기 시작하거든요. 그게 한국의 특별한 현상이에요. 잔혹한 사람들이죠. 트렌드예요.

노견은 입양이 잘 안 된다. 노견을 버리는 행위는 돌봄을 회피하는 일로 보았다. 인간을 즐겁게 할 때는 곁에 두지만 인간에게 돌봄 의무가 생기면 버렸다. 노견은 나이 든 인간처럼 백내장도 앓고 치매도 걸린다. 10년을 함께 산 개도 가족을 못 알아본다. 아픈 개 돌보는 이야기나 임종기와 임종 전후기 강아지 돌보기를 다룬 책도 나왔다. 유튜브에서는 다양한 강아지들이 노화와 질병을 겪는 모습을 볼 수 있었다. 반려동물 전용 장례식장이나 화장장 같은 합법 동물장묘업 등록 업체가 전국에 58곳 운영 중이었다. 반려동물의 노화와 애도에 관한 이야기와 실천은 이미 우리 삶 곳곳에 있었다.

반려견이 죽었을 때 깨닫는 게 있어요. 저도 이런 활동을 하게 된 게, 제 개가 암에 걸려서 죽고 나서예요. 저는 개를 처음 키웠고, 제 개가 죽고 나서 그 모든 세상이 변한 거예요. 암에 걸려서 통증에 시달리는 걸 보면서, 개가 저한테 표현하는 어떤 의사 표시들을 감지하게 되었고요. 노견들을 버리고, 죽을 때까지 돌보지 않고, 죽고 나서의 슬픔을 겪지 않은 이상 동물에 대해서 모르십니다. 교감이라는 게 아직 안 되신 거예요.

경미가 단체 이름을 생명공감으로 지은 이유도 생명에 공감하고 나서 세상이 달라진 탓이었다. 훨씬 더 괴로워하면서도 동물하고 진정으로 교감하게 됐고, 감정을 읽을 수 있게 됐다. 그래서 자기가 아는 세상이 달라졌다. 동물의 마음을 알게 된 변화가 경미가 인생에서 가장 중요하게 생각하는 배움이었다.

유기 동물 10만 마리 중 유기견은 8만 마리예요. 품종견은 약 2만 마리, 믹스견이 6만 마리. 믹스견이 중견 믹스예요. 얘네들을 일부러 번식한 사람들은 없어요. 그러면 사실은 안 태어났어도 돼죠? 매년 비슷한 규모거든요? 믹스견들을 적절하게 중성화 수술을 해서 브리딩(번식)을 막았다면 1

년 동안 우리가 매년 만나는 유기견은 딸랑 2만 마리예요. 2만 마리일 수도 있었던 유기견이 8만 마리나 된 거예요.

중성화 수술 하면 흔히 고양이를 떠올린다. 고양이는 길고양이가 많지만, 강아지는 견주가 있는 사례가 많아 중성화 수술 접근성이 좋다. 비용이 문제다. 중대형견 중성화 수술비는 50만 원에 육박한다. 비용 문제로 견주들이 접근하기 어렵다. 현재 유기 동물을 입양하면 지원비(지자체별로 다르지만 10만 원~25만 원)를 주는 지자체가 있는데, 지원비를 주는 대신에 돈을 받고 입양을 보내면서 확보한 예산을 중성화 사업에 집중하는 방식이 훨씬 효율적이라고 경미는 말했다.

유기견 안락사에 한 마리당 20만 원 쓴다고 하거든요. 예를 들어서 유기견 열 마리를 처리했으면 200만 원씩 쓰는 거예요. 근데 그거를 안 쓸 수도 있었잖아요? 발생하지 않았다면? 지자체가 어마어마한 재정을 아끼는 상황이 될 거예요. 유기견 구조 사업은 말하자면 잡아다 죽이는 사업이에요. 제가 중성화 사업을 주장하는 커다란 이유는 극도의 공포에 시달리다가 죽는 개를 만들지 말자는 거예요. 죽는 개는 정말 좌절한 얼굴로 죽어가요. 중성화 수술 법제화하고 지원을 하면 해결할 수 있는 거죠. 고양이랑 다르답니다.

경미는 근본적인 문제를 생각했다. 죽어가는 강아지 모습을 봤다. 유기견으로 안 태어나면 받지 않아도 될 고통이었다.

근본적인 문제는 우리 사회가 부양할 수 있는 범위를 한참 초월하는, 어마어마한 숫자의 개들이 매일 새로 태어난다는 점이에요. 계속 번식시키고, 계속 잡아 죽이는 사업이 한국의 유기 동물 사업입니다. 생명공감 같은 동물 구조 단체가 100개 있다고 해서 해결할 수 있는 문제가 아니에요. 개들은 15년씩 사는 생명체들인데요. 말하자면 그 부양의 책임이 두당 15년 이상이라는 거니까요. 이제는 방향을 바꿔야 해요. 입양을 늘릴 것이 아니라 발생을 줄여야 합니다. 국가 및 지자체 차원의 '중성화 사업'과 '중성화 수술 의무 법제화' 계획이 하루빨리 수립되어야 해요.

개장의 인식론

생명공감 에스엔에스에서 단체에 빚이 있다는 글을

읽었다. 후원을 요청하는 글이 자주 올라왔다. 그런데도 동물 구조 단체를 운영하고 동물을 돌보는 일을 계속하는 이유가 궁금했다.

우리 단체가 돌보는 100마리의 개, 이게 아니에요. 제가 잘 알고 서로 좋아하는 관계의 100마리 개인 거지. 그래서 되게 여러 가지 사연들이 있는 거예요. 웃긴 일도 많고, 귀여운 일도 많고, 또 비참한 일도 많고. 미안한 일도 많고. 너무 힘든데 책임져야 되는 상황도 있고요. 잘 돌보지 못해 미안한 거. 애정과 안쓰러움과 그런 감정들이 많이 생긴 거예요. 그런데 그게 소중해요. 제가 돌보던 아이들이 죽을 때가 있잖아요. 나이가 많으니까요. 제가 동물을 정말 이해하는 순간은 보내면서예요. 그럴 때마다 깨달음들이 계속 있는 직업이에요. 제 직업은 굉장히 고되지만 축복받은 직업이라고 생각하는 이유 중에 하나가, 제가 전혀 모르던 것들을 날마다 깨달아요. 저의 개체는 개지만요 노인을 돌보는 사람은 노인이겠죠? 거기서 깨닫는 어떤 깨달음들이 있는 거고. 그게 지금의 저를 만들었다고 저는 생각해요. 그래서 일을 계속하는 거예요.

돌봄은 고되고 힘들다. 그렇지만 깨달음이 있다. 돌보

면서 개별적인 강아지를 더 알게 된다. 이 강아지는 이것을 좋아하고 저 강아지는 저것을 좋아한다는 개별적 특성을 알게 된다. 강아지는 각자 달랐다. 알게 될수록 관계는 깊어진다. 돌봄은 노동이지만 관계 방식이기도 했다.

저는 이 일을 하면서 저의 습관 중에 하나가 내가 개라면 어떨까 생각하는 거예요. 제가 아픈 개들을 보면 얘가 지금 무슨 생각을 하는지 골똘히 생각해보게 되고요. 근데 골똘히 생각해봐도 실은 없어요. 그냥 느껴질 때가 많아요. 사람들은 아마 거짓말이라고 생각할 거예요. 지나친 의인법이라고 생각할 건데요. 실제로는 죽어가는 개체는 많은 마음들을 표현해요. 그 아이들이 갈 때 마음들을 함께 나누면서 저도 어떤 의사 표시를, 어떤 마음들을 얘한테 표현할거고요. 그 관계가 이어지는 거예요. 살아 있을 때도 똑같아요. 너무 귀여워서 웃게 만들죠, 얘들은. 그런 커뮤니케이션이 여기서는 계속 있는 거고요. 제가 돌보는 사람, 돌보는 직업이기 때문에 커뮤니케이션이 제 삶을 이루는 가장 중요한 의미들 중 하나예요. 그리고 이 의미들이 끊임없이 있어요. 그게 제 직업이 갖고 있는 축복 중에 하나예요.

경미에게 돌봄은 축복이었다. 돌봄을 주고받는다고

표현하지만, 관계는 사실 주고받기가 분명하지 않다. 누군가를 깊이 아는 일은 누군가도 나를 깊이 알게 한다. 나는 어린이들을 가르치며 자주 놀란다. 매년 어린이들을 여럿 만나지만 똑같은 사람은 한 명도 없기 때문이다. 한 어린이의 개별성은 놀라울 만큼 복잡했다. 나는 1년 동안 그 개별성을 깊이 볼 수 있는 축복받은 사람이었다. 어린이들도 내 개별성을 파악했고, 내 표현과 말투와 행동을 흡수했다. 동료들하고 대화할 때 교사인 내 언어와 말투를 쓰는 학생을 매년 여럿 봤다. 경미도 강아지를 돌보며 한 마리씩 깊이 알았다. 강아지도 경미를 깊이 알았다. 그래서 경미는 자기 일을 축복으로 이해했다.

반려동물이 '무지개다리'를 건너면 상실감에 괴로워하는 펫로스 증후군을 겪는 사람도 있다. 죽음을 받아들이는 시간은 고통스럽다. 그렇지만 잘 죽도록, 잘 살도록 돌본 경미는 강아지에게 최선을 다했다. 강아지들이 최후에 보는 사람이었다. 경미는 죽기 전 상태인 강아지하고 교감하고 마지막 모습을 기억했다. 마지막 교감은 말로 표현할 수 없다. 그냥 알 수 있었다.

14장

변화는 매일매일

정신 질환자 주간 재활 시설 시설장

정신 질환자가 학교를 졸업하면 어떤 경로를 밟는지 궁금했다. 당연하게도 대학교에 가기도 하고 취업도 했다. 조현 정동 장애 딸을 돌본 주언은 정신 질환자의 3분의 1은 평범한 생활을, 3분의 1은 치료하면서 사는 삶을, 3분의 1은 입원이나 병 관리를 한다고 추정했다.

정신 질환자 재활 시설을 다룬 기사를 찾다가 '문 닫지 않게 지켜주세요'라는 제목을 봤다.* 경기도 고양시에 있는 일산그리다마음건강센터(그리다센터 또는 센터) 이야기였다. 지자체가 운영비 지원 방침을 결정하지 않아 시설 존립이 불확실하다는 내용이었다. 시설장과 사무국장이 사비로 억대에 이르는 시설 운영비를 지출한 상태라고 했다. 회원들이 '이곳만큼 좋은 곳이 없다'거나 '센터 덕분에 마음이 안정되었다'고 말하는 곳이었다.

그리다센터 센터장 이혜은(혜은)을 만났다. 혜은은 25년 경력 베테랑 사회복지사다. 정신 병원, 지역 중독센터, 생활 시설에서 일한 뒤 그리다센터를 열었다. 그리다센터는 정신 질환자들이 낮에 모여 재활을 하는 곳인데, 나는 재활을 지원하는 사람들이 무슨 경험을 하는지 궁금했다. 가정이 아니라 사회에서 돌보는 모습은 시민이 돌봄 받는 모습이기 때문이었다.

좋은 센터 운영하기

주간 재활 시설은 설립이 쉽지 않다. 혜은은 센터를 열 때 자비를 들었다. 공간 임대나 기자재 구입을 모두 자기 돈으로 해결했다. 애초에 사회복지 시설을 자비로 설

---

* 《2023년 정신건강사업안내》(《안내》)에 따르면 정신 재활 시설에는 '생활 시설', '재활 훈련 시설' 등이 있다. 주간 재활 시설은 '재활 훈련 시설' 중 하나다. 쉽게 말해서 낮에만 운영하는 재활 시설이다. 그리다센터는 낮 시간(오전 9시~오후6시)에 운영하는 정신 재활 시설이다. 찾아 읽은 기사는 유경종, 〈일산서구 유일한 정신 질환자 주간재활시설 "문 닫지 않게 지켜주세요"〉, 《고양신문》 2023년 9월 22일.

립한다는 사실이 황당했지만, 현실이 그랬다. 설립한 뒤에 보조금을 지원받는 방식이었다. 아무나 만들 수는 없고, 관할 보건소하고 협의해야 한다. 센터가 들어설 공간을 찾는 일부터 알아서 해야 했다.

제가 센터를 오픈하기 위해 스무 곳 정도를 알아봤어요. 〈정신건강사업안내〉에 교통수단 접근 편리한 곳, 안전한 곳, 일조량과 통풍, 이런 거 다 조건이 있어요. 그래서 주엽역, 대화역, 일산역 위주로 찾았어요. 이동하기가 편해야 하니까요. 지역 사회 적응 훈련을 하기에 적합한 장소들을 동시로 봤었고. 저는 뷰도 중요하다고 생각해서 갇혀 있는 느낌이 아니라 열린 느낌의 장소를 찾아봤어요.

센터는 그 말대로 전망이 트인 곳에 있었다. 간판에 붙은 이름은 마음건강센터다. 이름에 '재활'이나 '회복'이 없다. 혜은은 부정적인 이미지를 빼려고 '그리다'는 말을 떠올렸다. '마음과 삶을 그린다'는 말을 떠올렸다. 풍성하고 편안한 삶을 바라는 취지에서 그리다마음건강센터로 지었다. 사회복지학과를 졸업한 혜은은 대학 시절 정신 병원에서 실습을 했다. 장애인 시설이나 노인 복지 시설도 가봤지만, 정신 병원에서 한 실습이 가장 좋았다. 자기가 괜찮은 사람이 된 듯하고 할 일이 있다는 느낌을 받았다.

센터는 회원 가족 교육과 가족 상담부터 문화 예술 프로그램까지 다양한 프로그램을 운영했다.

센터에 오잖아요. 시간 맞춰 출근하고 프로그램 하고 퇴근하는 것 자체가 훈련이죠. 여기서는 점심은 각자 해결해야 되거든요? 나가 사 먹든, 도시락을 싸 오든, 도시락을 주문해서 먹든 내가 선택을 해야 되는 거예요. '오늘은 짜장면 먹을래?' 말하기도 하고, 김밥하고 컵라면 사 와서 여기서 먹기도 하고. 먹고 나면 본인들이 치워야 돼요. 컵라면 먹고 싱크대에서 헹궈서 버리는 것도 훈련이죠. 프로그램 다 끝나고 나면 다 같이 청소해야 돼요. 본인이 앉은 자리 쓸고 닦고 다 해야 돼요. 내가 이용하는 공간이기 때문에.

혜은이 재활에서 중요하게 생각하는 요소는 출석이었다. 센터에서는 출퇴근으로 불렀다. 회원들에게 꼭 와야 한다고, 30분을 있더라도 날마다 오라고 했다. 집에 계속 있지 말고 오가는 훈련을 하도록 요구했다. 루틴을 잡으려는 재활 방침이었다. 그런데 스무 명이 많게 느껴지지 않을까?

많다고 생각하죠. 왜냐하면 이용 인원 20명인데 직원은 4명. 직원 4명 중에 원장 빼고 사무국장 빼고 실무는 두 명인 거예요. 회원이 20명이니까 모두 돌본다고 하면 직원 한 명당 다섯 명을 돌봐야 되는 거죠. 그 기준이 너무 아직까지 딴딴하죠. 좀더 풀어져야 돼요.

혜은은 돌봄의 질을 걱정했다. 인원도 많다고 생각하지만, 혜은을 가장 힘들게 하는 문제는 부족한 인원이나 돌봄의 어려움이 아니라 행정 서류다. 회원을 살피고 싶은데 처리할 서류가 있어 할 수 없는 상황이 잦았다. 재활 프로그램을 진행하면 계획서, 일지, 평가 서류를 다 남겨야 했다. 3년에 한 번씩 '사회복지시설 평가'가 시행되기 때문이다. 혜은은 실무와 행정의 비율이 3 대 7이라고 했다. 인원 문제는 운영비에 관련된다. 〈안내〉에 보면 정부에서 주간 재활 시설에 지원하는 운영비가 정해져 있다. 운영비는 시설 이용 인원에 따라 배분한다.

비현실적이죠. 이용자가 20명이잖아요. 68만 8000원인데, 한 사람당 1년에 나오는 돈이에요. 나누기 12개월을 해요. 운영비로 한 사람당 한 달에 5만 7333원 쓰라는 거예요. 운영비니까 전기세, 물세 내죠. 한 달에 20일 나오잖아요. 나누기 20을 해봐요. 하루에 2886원인 거예요. 임대료 내고, 전기 쓰고, 물 쓰고, 무조건 마이너스죠. 프로그램비 지원 예산은 32만 9000원이에요. 나누기 20명을 했더니 한 달에 1만 6450원이에요. 좋아요. 1만 6450원으로 프로그램을 뭘로 해야 되냐는 거예요. 몸으로 때울 수밖에 없는 거예요. 퀄리티 있는 강사를 모시는 것은 불가능하죠. 이런 부분들은 안타까워요.

운영비와 프로그램비는 핵심 지출 항목인데 정부 지원이 너무 적다. 회원들에게 이용료를 받지만, 센터 지출이 늘어도 회원 이용료를 올리기는 어렵다. 이용료를 비교해 옮기는 회원도 있다. 회원을 받는 절차도 궁금했다. 진단 정신 질환자라고 모두 회원으로 받지는 않았다.

기능이라는 표현이 좀 그렇긴 한데, 기능에 대해 면접을 보죠. 재활을 해 나갈 의지가 있는지, 그리고 기능들은 어느 정도 회복되고 있는지 보죠. 처음에 등록 전 상담이라고 해서 센터에서 대면해서 상담을 먼저 해요. 두 가지 이유가 있어요. 첫 번째 이유는 여기를 이용하는 당사자들이 장소가 마음에 들어야 되죠. 마음에 드시면 등록 전 상담을 하겠다고 해요. 두 번째는 재활과 회복에 대해서 어느 정도

선에 있는가 제가 보는 거죠. 어떤 분은 이용 상담을 했는데, 이분은 요양이 필요한 케이스인데 여기 오긴 힘들죠. 그런 기능을 보죠. 느낌이 오죠. 우리끼리 하는 말로 장사하루 이틀 하냐는 말을 쓰죠.

정신 질환자도 스펙트럼이 있다. 병원에 입원해야 하는 사례, 요양 시설에 입소해야 하는 사례, 재활이 가능한 사례, 생활 시설이 필요한 사례가 있다. 혜은은 전문가로서 이 사례를 구분해 회원을 받았다. 회원들은 갈 데가 생겨서 좋다고 자주 말했다.

사람이 있는 곳

운영하는 데 어려움이 있어도 샘솟는 뭔가가 있어요. 그러니까 계속하게 되는 것 같아요. 회원분들 중에 한 분은 음성 증상이 심한 분이 계셨어요. 출근하면 자요. 자리를 이탈하지 않고요. 자는 건지 눈을 감는 건지 계속 가만히 있어요. 센터에 와서 제가 인사하면 쓱 인사하고 다시 돌아가요. 눈도 잘 안 마주치고. 그런데 언제부터인가 출근을 해서 제 쪽으로 오는 거예요. '선생님 안녕하세요' 인사하고요. 3개월 지나니까 조금씩 토론 시간에 고개를 들고 앉고요. 그분이 어느 순간 옆에 분하고 대화를 하는 거예요. '어제 뭐 했어?' 표현하면서 '오늘 프로그램 뭐야?' 하는, 이런 것들을 저는 느끼죠. 미세한 그런 변화들. 그런 거에서 좀 더 많이 뿌듯함을 느끼는 거 같아요.

음성 증상 때문에 외부 자극이 불편하던 회원이 옆 사람에게 말을 걸 정도로 변했다. 그리다센터는 사람을 천천히 바꿨다. 센터에서는 자기가 사용한 컵은 자기가 설거지한다. 귀가 전 청소도 함께한다. 일상을 유지하는 노동은 누구나 알아야 할 필수 기술이다. 재활과 돌봄과 교육은 이어져 있었다. 집에서 생전 안 하던 설거지를 한 이야기를 회원 부모에게 듣기도 했다. 청소기 작동법을 가르치고 빨래를 스스로 꾸준히 해야 하는 이유를 알려준다. 이런 변화가 센터에서 하려는 재활이다.

센터는 재활하는 장소이기도 하지만 '갈 데'이기도 하다. 갈 데 없는 정신 질환자들은 가족 뜻에 따라 병원에 입원하기도 한다. 실제로 센터에 등록하고 싶어하지만 기간이 안 맞아 포기한 사람이 있었다. 나중에 자리가 나서 연락하니 병원에 입원해 있었다. 병원에 가야 할 사람이 아닌데 갈 데가 없어서 병원에 가는 상황이었다.

센터를 운영하면서 죽음을 경험한 적이 있는지 조심스레 물었다. 혜은은 정신 병원(폐쇄 병동)에서 일할 때 본 정신 질환자 이야기를 했다.

여기서는 그런 경험을 한 적은 없는데 정신 병원 근무할 때는 그런 경험을 한 적이 있어요. 환청이 너무 심한 분이셨어요. 약을 먹어도 환청이 잘 안 잡히는데, 그 환청이 죽으라는 환청이었어요. 끊임없이 '죽어라', '너 같은 거 왜 사냐' 이런 환청 때문에 너무 괴로워하는 거죠. 조현병을 가진 분들 중에 자살하시는 분들 대부분 환청이 시켜서 하는 거예요. 소위 말해서, 본인 의지로 자살을 시도하는 거하고는 전혀 다른 거 같아요. 제가 예전에 만난 분은 그랬어요. 환청이 자꾸 도로로 뛰어들으라고 하는 거예요. 그렇다면 죽을 수 있겠죠. 또는 나무 위에 올라가라는 환청도 있고, 환청은 너무너무 다양해요. 어떤 분은 계속 웃어요. 음악 소리가 들린대요. 노래를 불러준대요. 칭찬하는 환청도 있어요. 대부분의 환청이 처음에는 '힘들었겠다' 같은 공감에서 시작해서 그게 길티(죄책감)하고 연결되는 것 같아요. 어렸을 때 성장 과정과 연결되는 거 같아요. 저희가 볼 때 그래요. 나중에는 비난으로 바뀌어서 못 견디는 거죠. 그렇게 해서 자살하는 경우가 꽤 있어요.

경험 많은 전문가는 자살을 환청에 연결해 설명했다. 혜은은 자살을 증상에 따른 결과로 이해했다. 적절한 돌봄을 받지 못하면 당사자가 약물을 받아들이는 약물 순응도를 낮춰 증상에 전체적으로 악영향을 준다. 그래서 조현병 당사자를 돌보는 일을 가족이 못 하면 사회가 해야 한다고, 정신 질환자 관리라는 주제에는 가족과 사회가 결합돼 있다고 혜은은 말했다.

센터는 당사자 재활에 그치지 않고 가족 상담과 가족 교육도 진행한다. 물론 모든 회원에게 가족이 있지는 않다. 가족은 지지 체계가 될 수도 있지만, 이른 사회 복귀를 요구하거나 금전 부담을 줘 재활과 회복에 방해가 될지도 모른다. 그러니 가족 유무가 회복하고 늘 같은 방식으로 관계하지는 않는다. 혜은은 회원 가족들에게 조현병이라고 생각하기보다는 다른 사람에게 안 들리는 소리가 좀 들린다는 식으로 이해하기를 요청했다. 진단명을 떠올리며 병으로 이해하기보다는 하나의 상태로 받아들이기를 바랐다. 회원뿐 아니라 가족까지 고려하는 혜은도 번아웃을 겪을까.

초심자 때는 그랬던 거 같아요. 정신 병원에서 15년 이상 근무를 했었기 때문에 면담 잘 되고, 가족 교육 잘 되고, 약물 순응도도 있고, 입원을 끝내도 되겠다고 했는데, 한 달 만에 다시 왔어요. 이런 일이 반복이 될 때 '왜 다시 오지?', '밖에서 생활을 어떻게 지원하면 좋을까?' 생각했죠. 그때 좀 번아웃이 왔고요. 조현병을 가지고 계신 분들도 좋을 때 있고 나쁠 때가 있는 거죠. 그게 터득이 되면서 번아웃되지 않는 것 같아요. 70퍼센트 행정 서류 때문에 열 받아서 그렇지, 제가 25년 현장에서 만난 많은 종사자, 사회복지사, 간호사 선생님들이 돌보는 일로 인해서 번아웃되진 않았던 것 같아요.

안드로메다에서 온 공주

혜은은 소통을 중시했다. 환청이 들린다고 말하는 회원에게 자기는 '안드로메다에서 온 공주'라서 다 안다고 이야기했다. 회원들이 듣는 환청에 조언도 하고 맞장구도 치면서 아파트에 주파수 좀 그만 보내라고 웃기도 했다. 회원이 듣는 환청 내용에 맞춰 이야기를 한다. 회원들하고 소통하면서 회원들이 좋아하는 프로그램으로 즐겁게 재활할 수 있도록 노력한다. 가장 인기 있는 프로그램은 '노래방'이다.

제일 좋아하는 건 노래방. 다음으로는 영화 관람. 인간이 문화적인 욕구를 가지고 있고, 회원분들은 장기적으로 정신 질환 치료받으면서 문화적인 욕구를 채울 기회가 많이 없었죠. 병원에 가면 티브이가 있어요. 수십 명이 앉아서 리모컨 하나 갖고 뭘 보겠어요. 한두 달 뒤에 입원했다 나왔더니 내가 좋아하는 영화 다 내려갔어. 그래서 회원들이 가지고 있는 문화 욕구를 충족시키는 것도 중요하다고 생각하거든요.

함께 의논해서 결정한 영화는 선택권 없는 병원 텔레비전하고 달랐다. 영화관 가는 일도 재활이다. 스트레스 관리 훈련이다. 노래방 프로그램은 센터 스크린으로 자막 있는 노래방 영상을 재생해 노래를 부르는 식이다. 노래방 프로그램이나 영화관 프로그램은 재미도 있지만 함께하는 행동이라 사회적 기능을 익히는 데 유용했다. 사실 재활이나 배움이 아니어도 문화 욕구를 충족하는 시간 자체에 의미가 있다.

시설과 프로그램에서 시작이자 끝인 혜은에게 그리다 센터는 어떤 의미일까?

배 아파 낳은 자식 같은데요. 그렇게밖에 표현할 수가 없는데요. 애틋하고. 제가 집에 있으면 회원들이 계속 떠올라요. 집에서 지금 뭐 하고 있을까, 가족하고 싸우고 있는 건 아닌가. 환청 때문에 잠을 못 자시는 분도 있으니까. 밤에 잠 잘 잤냐고 늘 물어보거든요. 정신적으로 힘드신 분들이 갈 곳이 있는 곳을 만들었다는 것만으로 너무너무 좋은 것 같고. 뭉클할 때가 있죠. 가족들은 잘 발견하지 못하는 회원들의 미세한 변화들이 매일매일 보이거든요? 그럴 때마다 울컥해요. 뭉클하고. 정말 잘했다, 이런 생각 들고. 돈의 가치보다 사람에 대한 가치가 정말 대단하구나 느끼고요.

혜은은 설명하기 어려운 변화를 매일 봤다. 그런 변화, 직선처럼 질주하지 않더라도 느리지만 분명한 변화를 혜은은 알아봤다. 이런 눈길이 돌보는 자의 시선이다. 혜은은 그리다센터가 일으키는 변화들을 온전히 알아봤다. 그래서 자주 뭉클했다.

15장

학교로 다시 돌아온 나

학교 폭력 겪은 학생에서 교사로 학교에 돌아온 사람

폭력은 피해자의 잘못이 아니라는 말은 진실이지만, 나는 피해 경험을 이야기할 수 없었다. 내가 저지른 잘못은 아니었지만, 부끄러움이자 치부였다. 지난 경험을 말하면 나를 피해자로 만든 가해자들의 시선을 불러낼지도 모른다는 두려움이 컸다. 나는 잘못이 없다는 말에 확신이 없었다. 내가 학교 폭력을 당한 이유가 있었고, 이 이유를 잘 숨기고 살았는데, 누군가 알아차릴까 무섭더라는 말이 정확했다. 나는 비슷한 경험을 듣고 싶어서 학교 폭력을 다룬 책과 영상을 찾아봤다. 교사들이 쓴 학교 폭력 예방 콘텐츠가 대부분이었다. 다양한 아픈 몸들의 이야기인 '질병 서사'만큼이나 '학교 폭력 피해 서사'는 필요하지만 매우 빈곤했다. 내가 가장 공감한 이야기는 영화 〈한공주〉였다. 이 영화에는 성폭력 피해 당사자인 주인공이 영상 촬영을 극도로 꺼리는 장면이 나온다. 나도 나를 드러내는 행동이 나를 파괴할 수 있다고 생각해 늘 무서웠다. 이제는 그 무서움의 강을 건너보려 한다. 자문자답으로 학교 폭력 피해를 통과한 삶을 썼다.

⦅ ⦅ ⦅ ⦅ ⦅

간단한 자기소개 부탁드립니다.

네, 저는 현재 초등 교사로 일하는 유신입니다.

초등학생 때 학교 폭력을 겪었다고요?

네, 저는 초등학생 때 키가 많이 작았습니다. 키 번호가 있던 시절 1번이었어요. 땅꼬마라고도 불렸어요. 그래서 그런지 무시를 당했죠.

어떤 무시를 당했나요?

애들이 밀치고 무시하고 그랬죠. 줄을 설 때는 새치기 당하고 그랬어요. 왕따 비슷한 걸 당한 것 같아요. 키가 작다고, 싸움 못 한다고 치였던 날이 많았습니다. 애들이 저를 놀린 적도 있고, 불편하게 했죠.

기억나는 일들이 있나요?

6학년 때로 기억합니다. 제가 애들한테 맞으니까 담임 선생님이 화를 냈어요. 얘가 동네북이야, 이랬어요. 이때 동네북이라는 단어를 처음 들었어요. 또 다른 이야기로는 6학년 때 수련회에 갔었는데요, 애들이 방에서 장난식으로 때리기도 했었습니다. 때린다는 게 어떻게 장난이 되는지 모르겠지만, 그 당시 애들은 그렇게 말하더군요. 물론 지금도 장난으로 때리는 어린이가 현장에 많습니다.

부모님은 어떻게 하셨어요?

부모님은 몰랐죠. 제가 이야기 안 해서요. 저는 학교 일을 집에다 이야기해본 적도 없었고 부모님은 들어줄 수도 없었습니다. 일단 그런 것에 관심이 있을 만큼 여유 있는 사람들이 아니었어요. 제 생일도 모르는 사람들이니까요. 그리고 선생님도 당연히 이야기 안 하신 거 같았어요. 2000년대 초반에는 그랬어요. 학교에서 선생이 학생을 때리기도 했으니까요. 담임 교사는 좋은 분이셨고 학생들이랑 관계도 좋았어요. 애들도 선생님을 좋아했고요. 저도 좋아했습니다. 하지만 좋은 분위기에도 폭력은 있었습니다.

혼자 삼켰나요? 어떤 기분이 들었나요?

솔직히 말하면 기분은 나빴지만 '이게 학교 폭력이다' 이런 의식 자체가 없던 것 같아요. 그렇게 자주 있던 일도 아니었고요. 하지만 폭력의 눈빛과 표정은 지금도 기억합니다. 저는 뭔가 사람에게서 폭력의 눈빛이랄까요, 폭력에 임하는 진지한 눈빛과 제지할 수 있는 사람이 없어질 때 슬쩍 비치는 권력의 표정, 이런 걸 처음 본 게 초등학생 때인 거 같아요.

중학교 시절이 궁금합니다.

중학교 1학년 초기에는 친구도 사귀고 나름대로 잘 지낸 거 같아요. 그러다가 학기 중에 부모가 이혼해서 엄마 집과 아빠 집을 오가다 중학교 2학년에 서울 은평구 학교에서 충남 보령시 학교로 전학 갔습니다. 두 학교는 정말 다른 분위기였어요. 처음엔 제가 서울에서 왔다고 하니 관심을 가졌지만, 곧 스며들었습니다. 중학교 2학년 때 저를 괴롭히던 애가 몇 있었어요. 제 약점을 잡고서 쥐고 흔들었죠. 다른 사람의 고통을 보고 행복해하는 건 참 저로선 이해하기 힘든 일이지만, 그런 사람은 있더라고요. 신체적 폭력도 있긴 했습니다. 제 등을 주먹으로 퍽 치고 가는 겁니다. 이딴게 '놀이'였죠. 이때는 정서적으로 힘들었습니다. 괴롭히는 사람이 자기 친구들이랑 저를 둘러싸면서 심리적으로 힘들게 했기 때문이죠. 제 비밀을 귓속말로 퍼트리는 것처럼 장난을 치면서 괴롭혔죠.

정서적으로 힘든 건 어떤 느낌이었어요?

지금이라면 공황 같은 느낌이라고 말했을 텐데요. 숨이 막히고 가슴이 답답했어요. 장기와 목구멍이 꽉 막히는 느낌이었습니다. 신체적 아픔이 아니었습니다. 마음의 아픔, 아니 슬픔에 가까웠던 것 같아요. 참다못해 중 3 때 담임에게 갔습니다. 담임은 제가 괴롭힘을 당하고 있다고 말하자마자 그 친구 이름을 꺼내더라고요. 저보다 먼저요. 그러니까 알고 있던 거였어요. 따로 지도를 했는지 그 이후로는 좀 덜

했던 거 같습니다.

담임 교사가 알고 있었다고요?

교사가 되고 보니, 다 보였을 거 같아요. 저도 교사로서 보면 생각보다 비공식적 관계들이 잘 보이거든요. 개입을 할 때가 있고 안 할 때가 있긴 하지만요. 당시에는 아무도 모른다고 생각했어요.

그래서 어떻게 되었나요?

그냥 버텼던 거 같아요. 생각해보면 지금의 만성적 불안이 이때 심해진 것은 아닌가 싶기도 해요. 비밀은 별것이 아니었지만 그것을 잡고 뒤흔드는 사람 덕에 불안감은 컸죠. 비밀 자체도 제게 굴욕적인 경험이었지만, 그것을 다른 사람을 괴롭히는 자원으로 쓰는 그 악랄함은 이해할 수 없었는데요. 이 일들에 몸은 불안으로 반응한 것 같습니다. 아버지의 기행과 가족 관계의 불안정이 불안을 불러오기도 했지만, 이른 학교 폭력의 경험도 불안에 기여한 것 같아요. 그래도 몇몇 친구는 있던 것 같아요.

왜 그런 일이 생긴 거 같나요?

돌이켜보면 중학생 때는 싸움 순서로 학생들 간 위계가 정해졌던 것 같아요. 이런 표현도 웃긴데, 싸움 중간쯤 하는 사람이 저랑 모범생 둘만 있으니까 여기서 내가 제일 싸움 잘 한다고 하더라고요. 그때도 웃겼는데, 지금 생각해보니 더 웃기는 말이네요. 자신의 위치를 의심하지 않는 사람의 말이죠. 이런 위계 때문에 생긴 일 같습니다. 이 위계가 권력이었습니다.

고등학교에 가서는 어땠어요?

고등학교 1학년 때 애들이 저를 안 좋아했어요. 일단 저희 집은 가난했고 겨울에는 보일러도 안 틀고 살았어요. 그래서 더러웠고 냄새가 났어요. 저는 정서적으로 불안했고 할아버지는 엄격했습니다. 할아버지는 집에서 방바닥에 누워 있는 것을 싫어했어요. 무조건 앉아 있으라고 했던 분이죠. 저를 물리적으로 받아주신 것까지가 이 조부모님들의 한계였던 것 같아요. 지금 생각해보면 저는 돌봄을 박탈당한 거 같아요. 전 그때 돌봄이 절실히 필요했지만, 조부모님들은 그런 걸 하실 수 있는 분이 아니셨어요.

돌봄을 박탈당했다는 말이 무슨 뜻일까요?

지금 같으면 제가 직접 했겠지만 그때 저는 어렸어요. 이때 적절한 돌봄을 받지 못한 것들을 돌봄을 박탈당했다고 표현했어요. 중학교 2학년 때 엄마랑 엄마 애인 집에서 살 때였어요. 제 교복은 거의 빨지 않아서 와이셔츠 옷깃에 검은 때가 많았어요. 언젠가 친구 집에 놀러갔는데 친구 엄마가 묻더라고요. 오늘 미술 했냐고요. 그날은 미술을 안 했지만 제 셔츠에 있는 얼룩을 4비 연필 자국으로 생각하셨던 것 같아요. 이런 식이었죠. 요즘 어린 돌봄자(영 케어러)들에 대한 이야기도 있지만, 저는 돌봄을 박탈당한 어린이나 청소년도 분명 있을 것이라 생각합니다.

고등학생 때는 어떤 일을 겪었나요?

고등학생 때 조부모님이랑 생활 보호 대상자가 되었어요. 빈곤했다는 말입니다. 할아버지는 제가 버스비로 가져간 돈을 메모해놓고 나중에 받겠다고 하실 정도로 엄밀하신 분이셨습니다. 그래서 하루 왕복 버스비만 들고 다닐 수 있었죠. 그런데 저에게 삥 뜯는(돈을 갈취하는) 사람은 그 돈을 탐내더라고요. 물론 사정은 몰랐겠죠. 하지만 사정을 몰랐다고 이해할 수 있는 것은 아닙니다(고등학교와 집은 걸어다닐 거리가 아니었다). 어쨌든 이놈과 무리들은 저를 저녁 급식 시간에 교문 앞 슈퍼 쪽문으로 난 공간으로 불렀고, 돈을 달라고 했죠. 정확히는 돈 얼마 만들어오라고 말했었는데 준비했냐고 물었죠. 제가 없다고 했어요. 그러더니 따귀를 때리더라고요. 한두 대 맞았는데 정신이 번쩍했어요. '아, 이쯤 되면 많이 맞아서 감각이 없는 거 같다' 싶었는데, 또 맞으면 또 아파요. 맞는 건 적응이 안 되더라고요. 이런 식이었어요. 괴롭히고, 돈 요구하고, 심리적으로 압박하고요. 이건 가장 기억 남는 사례고요.

아팠겠어요. 학교에서 유신이 겪는 아픔을 알아준 사람은 있었나요?

아팠죠. 근데 아픈 것보다도 열 받았습니다. 그래서 그날 학교 근처 병원에 갔어요. 진단서라도 끊어보려고요. 그런데 2주 나오더라고요. 상처는 그렇게나 가벼웠지만, 전 평생 가는 외상을 입었다고 생각합니다. 제 마음의 아픔은 그때도 아무도 알아주지 못했습니다. 두 명 정도 친구가 있었지만 그런 이야긴 안 했죠. 그리고 그때 저랑 절친했던 친구 한 명도 중학교 때 피해자였어요. 일명 '꼬붕'이라고 불렸던 건데요. 친구를 하인 삼는 폭력의 피해자인 친구였어요. 다른 한 명은 무던한 친구였죠. 제가 학생으로 경험한 세상에서 학교는 폭력의 공간이었어요. 비유가 아니라 말 그대로요.

고등학교 3학년 시절이 힘들었겠어요.

저는 한 학년에 5개 반인 학교를 다녔어요. 문과반은 3개였고요. 3개 반 중 하나에 갈 수 있었는데, 제가 간 반에 저를 괴롭히던 사람들은 다 빠졌어요. 아무리 생각해도 선생들이 알았다고 볼 수밖에 없습니다. 사실, 저도 담임으로서 반 배정을 할 때가 있는데요, 알았을 겁니다. 지금은 입장이 이해는 가지만. 당시에는 역시나 알고 있었다고, 그런데도 아무런 도움도 안 줬다고 생각해서 정말 배신감을 느꼈죠.

학교에서 폭력을 당하는 느낌은 어떤가요?

찢어발겨지는 느낌입니다. 공황 비슷한 증세가 올라오고요. 그런 질서가 내 세계라는 게 믿기지 않았습니다. 저녁을 먹을 수 없었습니다. 급식실에 가는 것도 싫었어요. 학교에서 행하는 모든 질서에서 마주치는 모든 사람들이 생각하는 그

세계에서 벗어나고 싶었어요. 그래도 하나의 희망은, 그때 저는 이 세상은 영원한 세상이 아니라고 생각했어요. 다만 그 다른 세상이 오는 데 너무 늦고 느리다고만 생각했죠.

영원한 세상이 아니다?

저는 영원한 세상은 아니라고 그때도 알았어요. 고등학교 졸업하고 한참 지나서도 고등학생 때 나쁜 짓 하며 놀던 사람들은 그때를 추억하더라고요. 과거에 멈춘 거라 생각했습니다. 저는 제가 피해를 겪었지만, 이건 언젠간 끝난다, 그리고 지금 겪는 세상은 내가 거쳐가는 세상 중 하나라고 생각했어요. 하지만 마음이 저리고 불안한 것까지 멈출 순 없었습니다.

일어난 일을 이해하려는 작업을 정말 열심히 하신 듯한데요.

그게 제가 생존하는 방식이었던 것 같습니다. 자살하고 싶은 마음도 있었지만 자살은 너무 무서운 말이었어요. 다만 저는 이 게임은 언젠간 끝난다, 난 그 이후를 본다는 생각뿐이었죠.

그래서 수험생 시절은 잘 보냈나요?

'신의 손' 덕분에 반 배정은 무난했고, 저는 공부에 집중할수 있었습니다. 정말 열심히 공부했습니다. 수능 결과는 기대보다 별로 좋진 못했지만, 버스에서 영어 단어도 외우고국어 수업 중에 몰래 문제 풀다가 걸려서 혼나기도 했습니다. 가난해서 아무도 문제집을 사주지 않았지만, 제 사정을알고 계신 선생님들 몇 분이 교사용 문제집을 주셨어요. 감사했죠. 저는 빨간색으로 적혀 있는 답을 가리고 문제를 풀었습니다. 그리고 공부는 제가 할 수 있는 일이었어요. 내가 저 사람들보다 더 나은 사람이라는 걸 증명하고 싶었고,저도 믿고 싶었어요.

가난은 학교 폭력 피해하고 관련이 있을까요?

글쎄요. 저는 가난한 가해자도 많이 봤습니다. 일부 가해자들에겐 분명히 결핍이 있었습니다. 물론 폭력이 정당하다는 건 아니지만, 이 애들도 사정 들으면 다 안타까운 애들이었어요. 이해한다는 것이 아니라 저랑 비슷한 애들이라는 거죠. 몇몇은 슬픈 애들이긴 했어요. 하지만 이건 인간적인 이야기고요, 가해자들의 사정이야 어떻든 권력을 발

휘한다는 건 다른 이야기라고 생각해요. 오히려 자기 연민으로 나는 힘든 삶을 살았으니 나쁜 짓을 해도 괜찮다고 하는 애들도 있었죠. 반대로 가난한 피해 학생들은 돈도 없고 사회적 자원도 없습니다. 그러니 피해에서 벗어나기 더 어렵고 취약합니다. 또래 관계에게 중요한 자원인 외모나 매력을 갖추기도 어렵다고 생각해요.

학교 폭력은 유신 님에게 무엇을 남겼나요?

불안과 불신을 남긴 거 같아요. 다른 사람이 싫어할 때가 두렵습니다. 어떤 방식으로도 고쳐지지 않더라고요. 제가 돈을 마련하지 못했을 때 되돌아온 표정들을 기억합니다. 이걸 군대에서도 겪었습니다. 높은 계급 병사들 특유의 나른한 표정. 계급 높은 병사들의 표정은 제가 본 표정들 중 가장 권력자다웠어요. 자신의 위치를 절대적이라고 생각하는 사람의 표정 말이죠. 또 하나는 불신인데요, 사람의 선의를 믿지 못하게 되었습니다. 이 사람이 권력 관계에 있을 때도 여전히 선하게 행동할지 의심하게 됩니다. 저는 학교에서 남을 괴롭히는 사람과 군대에서 후임들에게 갑질('꼽질'이라고 불렀습니다)을 하는 선임들이 에스엔에스에서는 멀쩡한 사람인 걸 많이 봤습니다. 저보다 친구도 많고 잘

지내더라고요. 사람들은 그럴 수 있는 곳에서만 그런다고
생각했습니다.

**좀 이상한 말이지만 학교 폭력 경험이 새롭게 보게 한
것들은 없나요?**

상투적으로 말하면, 거의 모든 폭력 피해에 대해 가슴 깊
이 이해할 수 있다는 점? 물론 고등학교를 졸업하고 성인
이 되면서 저도 누군가에게 상처 주는 사람이 되었다고 자
성합니다. 친구에게, 동기에게, 후배에게, 어린이에게, 학
부모에게, 동료 교사에게 말이죠. 제 '가해'는 정말 제 잘못
이 맞을 테지만, 그래도 저는 피해를 주지 않기 위해 애쓰
고 많이 생각합니다. 그리고 페미니즘을 공부하는 데 큰 도
움이 된 것도 있습니다. 학교 폭력의 경험과 군대의 경험이
미세한 폭력, 사적인 폭력을 이해하는 데 도움이 되었어요.
이걸 도움이 되었다고 좋아해야 할지는 모르겠지만요.

**교사로서 학교 폭력을 다룰 때 과거 경험이 도움이 되
나요?**

딱히 도움 되진 않는 것 같습니다. 지금 학교 현장에서는

학교 폭력을 신고하면 학교 폭력으로 접수하게 됩니다. 접수 이후 절차는 회복의 과정이라기보다는 관료적 절차에 가깝습니다. 경미한 문제를 일으켜도 학폭을 신고하고 접수해 조치가 떨어지면 현장에서는 이행만 하면 됩니다. 이 과정에서 교사는 딱히 할 일이 없습니다. 다만 일상적인 폭력이나 괴롭힘에 대해서는 우려하는 점을 솔직하게 이야기하죠. 일상의 폭력에 좀 민감한 편이기도 하고요. 그리고, 통념하고 다르게 현장 교사들은 오히려 학교 폭력 신고 접수를 원합니다. 관료적인 절차를 밟으면 되니까 감정적으로 힘들 게 없어요. 중재를 시도하는 것은 은폐 시도로 읽히기도 하니까 그냥 학폭 접수를 선호하죠.

학교 폭력 절차에 문제가 있다는 뜻인가요?

절차 문제는 아닌 것 같아요. 제 생각에 학교 폭력 신고 자체가 좀 무용한 것 같습니다. 일단 조치를 받는다고 상황이 개선되는 것 같진 않습니다. 가장 무거운 조치가 강제 전학인데, 강제 전학 가는 건 가해 학생의 위치 이동이지 처벌이 아니지 않나요? 부모에게 교육 이수를 요구하거나 학생의 출석 정지 같은 조치도 있지만, 실효적이진 않게 보입니다. 학교 폭력이 좀더 심각하게 받아들여져야 합니다. 처벌이 능사는 아니겠지만, 지금 방식은 솜방망이가 아니라 솜이에요.

유신 님이 당한 학교 폭력 피해나 현직 교사로서 한 경험을 돌이켜볼 때 가장 개선이 필요한 부분은 무엇일까요?

학교 구성원들이 권력에 대해 이해해야 합니다. 교과서에 몇 줄 담는다거나 의무적인 학교 폭력 예방 교육이 아니라 권력 관계에 대해서 고민해야 합니다. 페미니즘은 여성 피해자를 다루는 것이 아니라 여성이 피해자의 위치에 놓이는 이유를 분석하는 인식이라고 저는 생각합니다. 이건 정희진이 쓴 글에서 가져온 생각인데요, 폭력에도 적용할 수 있다고 생각해요. 폭력이 어떻게 발생하는지, 그런 폭력에 어떻게 반대할 수 있는지, 어떤 목소리를 내고 누구를 지지해야 하는지, 또래 압력을 어떻게 깰 수 있는지 생각하게 해야 한다고 봅니다.

어렵네요. 그런데 우리 사회 어디에나 권력 관계가 있지 않을까요?

맞아요. 어린이들 사이에서도 권력 관계가 있죠. 제가 생각하는 부분은 권력 관계가 있다고 해서 반드시 같은 식으로 발현되지는 않는다는 겁니다. 권력 관계를 알고, 그 관계가 더 안전하고 평화적인 방향으로(덜 폭력적인 방향으로) 작용하도록 사람들이 애써야 한다는 게 제 생각이에요.

여전히 어려운 말이네요. 마지막으로 학교 폭력 피해를 겪고 있거나 피해 경험 때문에 힘들어하는 청소년들에게 할 말이 있다면요?

당신에게 벌어진 모든 일은 당신 잘못이 아닙니다. 피할 수 있는 환경이면 피하시면 좋겠습니다. 저같이 자원이 없어서 전학도, 도망도, 탈가정도 못 하는 사람이라고 해도 무엇이라도 해보시길 권합니다. 일단은 학교에 학교 폭력 신고를 하시고, 학교 폭력 신고 전화도 있어요. '학교폭력피해자가족협의회'의 지역 센터도 있습니다. 해맑음센터 선생님을 인터뷰할 때 들었는데, 피해 학생들이 잘 몰라서 혼자서 대응하는 경우가 있다고 하더라고요. 제가 말한 해맑음센터는 학교 폭력 피해자들끼리만 모여서 생활하는 곳인데요, 입소를 원한다면 전화를 해봐도 좋을 것 같습니다. 담임 선생님도 쓸 수 있는 옵션이긴 합니다. 상담 교사를 찾아가도 좋습니다. 부모님이랑 관계가 괜찮다면 부모님 도움도 좋겠죠. 일단 할 수 있는 도움을 다 받으시길 바랍니다. 당신은 그런 대우를 받을 이유가 없습니다. 지금 세계가 당신에게 가능한 유일한 세계는 아닙니다.

5부

~~~

돌봄 일지

16장

11월 밤 송년회

토끼 굴에서 나온 앨리스

한국에는 세계 최초 장애인 교원 노조가 있다. 시각 장애인 교사 모임에서 노조를 만들겠다고 나온 세 명이 의기투합해 함께하는장애인교원노동조합(장교조)을 시작했다. 장교조 위원장인 김헌용 선생님하고 연락을 하다가 곧 송년 행사를 한다는 이야기를 들었다. 내가 도울 일이 있다고 해서 송년 행사를 여는 장교조를 찾았다. 장교조 사무실은 서울시청 근처 공유 오피스다. 재정 사정이 넉넉한 단체라 비싼 곳을 쓴다기보다는 교육부를 상대로 진행한 단체 협약에서 얻어낸 결과다. 2024년에는 이 사무실을 떠나야 했다. 송년 행사는 이 사무실에서 여는 마지막 행사였다. 이 사무실을 얻는 데 반대하는 의견도 있었다. 반대 의견이 장교조 집행부의 의지를 꺾을지도 모른 다고 생각한 한 선생님은 장교조에 100만 원을 쾌척하기도 했다. 장교조 집행부는 장애인 교원이 접근하기 좋게 입구에 턱도 없고 진입하는 데 어려움이 적은 이 사무실을 얻었다.

1부는 교사가 맞닥트릴 수 있는 수사 절차를 알려주는 장교조 고문 변호사 강의와 단체 교섭을 주제로 하는 노무사 강의였다. 사무실에는 스무 분이 넘는 선생님이 계셨다.

연수 내용은 알찼지만, 나는 할 일이 따로 있었다. 내가 비장애인이라 여러모로 도움이 될 수 있었다. 가장 먼저 한 일은 문 열기다. 장교조 사무실이 자리한 건물은 안에서 문을 열어줘야 하는 곳이기 때문이다. 다음 일은 시각 선생님하고 둘이 사무실로 오는 일이다. 시각 선생님에게는 문 열어줄 사람보다 사무실에 함께 올 사람이 필요했다. 어떤 시각 선생님에게는 지하철역 출구에서 사무실까지 함께 올 사람이 있는 편이 더 낫기 때문이다. 나는 지하철역 출구에 나가서 시각 선생님을 지원했다. 내가 팔꿈치를 내밀면 시각 선생님은 내 팔꿈치를 잡았다. 천천히 걸으며 횡단보도를 지나 사무실까지 함께 오는 일이 둘째 임무였다. 횡단보도와 보도 사이 턱, 지나가는 차량을 말했다. 무엇을 말하고 무엇은 말하지 않아야 하는지 구분하기 어려워서 보이는 대로 말했다.

강의는 큰 도움이 됐다. 선생님들은 여러 질문을 쏟아 냈다. 장애 아동이 괴롭히면 어떻게 하느냐는 질문, 교섭 중 장애인 차별 발언을 하면 어떻게 할 수 있냐는 질문도 있었다. 강의는 물론 이어지는 질문을 모두 문자로 통역했다. 문자 통역사가 발언을 문자로 입력하면 보조 모니터에 문자 통역이 뜬다. 청각 선생님은 문자 통역과 강의자 쪽 스크린에 뜨는 파워포인트 글자를 번갈아 읽었다. 연수도 도움이 됐지만, 쉬는 시간에 선생님들끼리 대화하는 모습이 기억에 남았다. 시각 선생님과 청각 선생님, 지체 선생님이 서로 근황을 물으며 이야기했다. 상대 입 모양을 봐야 하는 청각 선생님은 다른 선생님 마스크를 살짝 내렸다. 그 선생님도 개의치 않았다. 지체 선생님들 몸도 다양했다. 휠체어를 사용하기도 하고, 워커(보행 보조기)를 이용하기도 하고, 아무 보장구 없이 걷기도 했다. 각자 이동할 때 상대를 고려하고 필요한 공간을 확보했다. 여러 몸이 의식되지 않고 편안히 녹아든 모습처럼 보였다. 편안했다.

나는 비장애인이다. 비장애인도 스펙트럼이라면, 내 몸은 장애 쪽에 더 가까운 몸이라고 생각했다. 이 사무실

안에 있는 선생님들은 다양했다. 이 사무실이 아니라 모든 곳에서 장애와 질병을 가진 몸, 다양한 몸이 교류하는 모습을 일상으로 보고 싶다. 선생님들은 자기가 할 수 있는 방식으로 다른 선생님을 도왔다. 청각 선생님은 시각 선생님에게 팔꿈치를 내밀었고, 지체 선생님은 교직 생활에 관해 조언했다. 나만 비장애인인 상황은 아니었다. 장애인 활동지원사도 두 분이 계셨다. 나하고 활동지원사는 비장애인이어서 의자를 정리하고 전동 휠체어 사용자가 들어올 자리를 마련하는 일을 빨리할 수 있었다. 활동지원사는 가끔 바람을 쐬러 사무실 밖으로 나갔다. 나도 따라 나가 짧은 이야기를 나눴다. 나는 활동지원사가 하는 일을 물었고, 활동지원사도 사소한 질문을 했다. 나는 곧 사무실로 들어왔지만, 강의 중간에 몇 번은 건물 문을 열거나 시각 선생님을 지원하러 나가야 했다.

1부 프로그램이 끝나고 함께 저녁을 먹으러 갔다. 사무실 건물 바로 옆에 있는 식당이라 다같이 이동했다. 나는 여러 선생님들하고 대화를 나누며 식사를 했다. 시각 선생님들 맞은편에 앉은 선생님은 시각 선생님들 앞에 놓인 음식 위치를 알려줬다. 나는 설명할 방법을 몰라서 비빔밥 용기의 위치와 크기, 젓가락 놓은 곳에 있는 반찬 정도만 말했다.

지원도 배움이 필요한 일이었다. 나는 모르는 일이 너무 많았다. 선생님들은 비빔밥을 대신 비비고 앞치마를 건넸다. 식사를 마치고 예약한 홍대 앞 파티 룸으로 이동해야 했다. 몇몇 선생님은 장애인 콜택시를 탄다고 했다. 나는 시각 선생님들하고 함께 지하철을 타러 갔다. 지하철역으로 함께 걸어갔다. 둘씩 짝지어서 여덟 명 정도가 줄줄이 걸어갔다. 내가 웹 지도를 잘못 봐서 선생님들이 자주 이용하는 출구를 찾지 못했다. 내가 맨 앞에서 이끌어서 생긴 결과였다. 비시각 장애인인 나는 출구보다는 노선이 중요했다. 그렇지만 시각 선생님들에게는 예상 가능 경로와 익숙한 길이 중요했다. 선생님들은 당황스러운 상황일 텐데도 내색은 안 했다.

파티 룸에 도착하자 송년회를 준비하는 선생님들은 분주하게 움직였다. 2부에도 문자 통역은 있었다. 에이유디 협동조합 소속 문자 통역사였다. 1부 때하고 다른 통역사가 문자 통역을 했다. 문자 통역은 어디에서나 잘 보이는 큰 스크린으로 전송됐다. 2부 행사에서도 지원은 필요했다. 나는 파티 룸 밖으로 나가 식당에서 후발대로 출발한 선생님들하고 함께 돌아왔다. 선생님들은 장애인 콜택시 대기 시간이 길어서 바우처를 탔다. 바우처는 장애인 바우처 택시를 말하는데, 서울에 거주하며 보행 장애가 있는 비휠체어 장애인이 이용하는 택시다. 8000원 나올 거리이면 2000원 정도를 부담한다.

파티 룸이 자리한 건물 뒷문에 경사로가 있었다. 경사로는 짧은 통로를 지나 엘리베이터에 연결돼 있어서 이 길로 안내했다. 경사로는 괜찮은데 건물로 들어가는 통로가 너무 좁아 워커를 이용하는 선생님이 불편해했다. 휠체어를 이용하는 지체 선생님도 비슷한 일을 겪었는데, 경사로는 탈 수 있어도 내부 통로가 너무 좁았다. 계단 있는 정문으로 방향을 바꿨다. 나를 비롯한 다른 시민들이 휠체어를 살짝 들어 엘리베이터까지 옮겼다. 사람들은 엘리베이터만 있으면 접근성이 충분하다고 생각할 수 있겠지만, 현실은 그렇지 않다. 엘리베이터가 작으면 휠체어를 이용하는 지체 장애인은 이동이 어려울 수 있다. 장애인 화장실이 없으면 휠체어 이용자는 소변권을 침해받는다.

그렇게 송년회는 시작됐다. 나는 조합원도 아니고 손님이라 처음에는 행사에 안 가려 했다. 위원장인 김헌용 선생님은 와도 좋겠다고 했다. 나도 지원할 수 있을 듯해 가기로 했다. 좋은 결정이었다. 여러 선생님들 이야기를 들을 수 있어서 기뻤다. 파티 룸은 24명이 이용할 수 있는데 송년회에는 서른 명 정도가 왔다. 바닥에 임시로 방석을 탑처럼 쌓아서 음식과 술을 올려놓았다. 이 자리에서 나는 휠체어를 이용하는 지체 선생님하고 함께했다. 지체 선생님은 휠체어에 앉고 나를 비롯한 세 명은 서 있었다. 지체 선생님은 우리 자리를 브이아이피 '스탠딩석'이라고 말했다. 일동 빵 터졌다. 스탠딩 할 수 없는 사람이 말해서 웃긴 이야기였다. 같은 자리에 선 청각 선생님은 이런 개그가 꽤 많다며 웃었다. 청각 장애인도 '내 욕은 다 들린다'고 말할 때가 있다고 했다. 나도 시각 장애인이 '눈에 뵈는 게 없다'는 말을 유머로 쓰는 모습을 본 적 있었다.

이쯤에서 장애 교원이 어떤 사람들인지 이야기를 해야겠다. 학교에는 특수 교육 대상자(반드시 장애인은 아니다)를 가르치는 특수 교사가 있다. 물론 학교 밖에 자리한 특수교육지원센터에서 일하는 특수 교사도 있다. 그리고 일반 학교 교사가 있다. 일반 학교에서 '일반'은 특수에 반대되는 의미로 '일반'이라 부르지만, 적절한 표현인지 확신이 들지는 않는다.

장애 교원은 어떤 일을 할까? 정답은 교사가 하는 모든 일이다. 모든 교사 자리에 장애인이 있다. 장애 당사자이므로 특수 교사가 많을까 싶지만, 꼭 그렇지는 않다. 나 같은 초등학교 교사, 중학교 교사, 고등학교 교사, 전문 상담 교사, 특수 학교 교사 등 모든 교사가 모든 학교에 있었다. 선천적 장애인 교사만이 아니었다. 중도 장애인 선생님도 있었다. 당연하게도 내가 모를 뿐 장애인 교사는 곳곳에 있다.

장애 교사라는 말이 불안한 단어라 흥미로웠다. 미등록 장애인, 법외 장애인도 있기 때문이다. 자기 자신의 장애를 받아들이고 등록을 한 사람만 법 안에서 장애인일 수 있다. 한 청각 선생님은 학생 때부터 청각 장애를 안 드러낸 사람 이야기를 했다. 듣는 능력에 어려움이 있지만 음성 언어를 연습해서 비장애인으로 보이는 사람 말이다. 이런 때는 교사 혼자서 많은 일을 감내해야 한다. 드러내지 않은 장애가 있는 교사들은 편의 지원을 못 받는 어려움을 겪는다. 장애인 교사는 아주 부족하기는 해도 업무 지원 인력(청각 장애 교사에게 속기 문자 통역을 지원하거나, 시각 장애 교사에게 수업 상황을 전달하는 일이나 컴퓨터 업무를 지원하는 일 등을 한다)이 주는 도움을 받을 수 있으며, 법정 중증 장애인이면 근로 지원인 서비스를 받을 수 있다. 그렇지만 장애를 등록하지 않은 상태라면 편의를 지원받지 못할 가능성이 높다. 물론 등록하지 않은 장애를 지닌 선생님들이 모두 비장애인으로 보이려 한다는 말은 아니다. 장애를 등록하는 제도에 반대하거나 개인 사정 때문에 장애 등록을 하지 않을 수 있다.

법적 장애 등록 여부를 기준으로 하지 말고 필요한 사람에게 적합한 편의를 지원하는 체계가 더욱 유용하고 교육적이다.

이 송년회에서 그동안 들을 수 없던 이야기를 많이 접했다. 특수 학교(특수 학급은 일반 학교 안에 있는 특수 교육 학급이고 특수 학교는 특수 교육을 하려 세운 학교다)에서 장애인 교원과 비장애인 교원 사이에 드러나는 생각 차이, 장애 때문에 업무 처리에 어려운 구석이 있지만 지혜롭게 대처한 선생님 이야기, 수업 종료를 알리는 종소리를 듣기 어려워서 학교에 말해 변화를 이끈 청각 선생님 이야기도 들었다. 내가 선생님들은 꼭 학교 밖에서 학교 이야기 하지 말자고 해놓고는 결국 학교 이야기를 한다고 하니 다들 공감했다. 선생님들이라 모든 이야기가 학교 이야기로 흘러갔다.

밤이 깊어 집에 가야지 생각하는데 마침 한 시각 선생님도 귀가하려고 나갈 준비를 했다. 우리는 함께 지하철역까지 이동했다. 타는 지하철 노선도 같았다. 나는 파헤친 보도블록이나 내려가는 계단이 나타나면 이야기했다. 에스컬레이터를 함께 타고 승강장까지 왔다. 이번에도 내가 방향을 잘못 봐서 목적지 반대 방향으로 가는 지하철이 들어오는 스크린 도어 앞에 섰다. 우리는 우두커니 기다렸다. 조금 뒤 내가 잘못 본 시실을 알았고, 우리는 반대편 승강장으로 걸어갔다. 우리는 같은 지하철을 탔다. 나는 다른 노선으로 환승하려 했지만, 시각 선생님은 지하철이 끊길 시간이라고 알려줬다. 함께 지하철역에서 나와 나는 버스를 타고 시각 선생님은 걸어서 귀가했다. 시각 선생님 덕분에 버스를 타고 집에 갈 수 있었다. 버스에서 마주친 사람들은 귀에 이어폰이나 헤드폰을 끼고 눈으로 휴대폰 게임을 하거나 영상을 봤다. 지체 장애인으로 보이는 사람은 없었다. 버스는 급정거를 종종 했다. 시각 선생님이 버스를 타고 있는데 버스가 급정거하면 어떻게 될까 상상했다. 순간 내가 토끼 굴에 다녀온 앨리스처럼 느껴졌다. 그렇지만 나는 오히려 지금 보는 세상이 토끼 굴 같다고 생각했다. 비장애인만 살기 좋은 세계가 이상한 나라라고 생각했다.

17장
작지 않은 강아지 보호소

반려인간동물 하루 체험기

한국에 동물 단체는 여러 곳이 있지만 수입 규모로 보면 동물권행동 카라(카라)와 동물자유연대(동물연대)가 가장 크다. 나는 큰 단체와 작은 단체의 규모 차이가 궁금했다. 2022년 기준 카라는 수입이 62억 원이다. 동물연대는 83억 원이다(기부금을 포함한 연구 후원과 사업 수익을 합한 금액이다). 140억 원이 넘는 돈이 두 단체로 흘러간다. 카라는 경기도 파주시에 더봄센터라는 동물 보호소를 만들었다. 대지가 1200평이다. 동물연대도 한국 최초 고양이 전문 보호소를 파주시에 지었다. 대지는 약 1100평이다(3667제곱미터).

나는 이 두 단체의 행보와 실천을 지지하지만, 작은

단체와 작은 개인의 '풀뿌리 동물 돌봄'도 주목받아야 한다고 생각한다. 단체 크기에 따라 단체 간 위계가 생길 듯했다. 유기 동물과 위기 동물은 전국에 있지만 자원은 서울과 큰 단체에 쏠린다. 작은 동물 보호 단체를 찾다가 '동물구조단체 생명공감'을 알았다. 생명공감은 월세, 전기세, 의료비가 6개월 밀려서 2000만 원에 가까운 빚이 있다며 후원을 요청하는 글을 에스엔에스에 올렸다. 죽음 위기에서 벗어나 보호소에 온 강아지들은 좋은 곳에 온 줄 알고 한없이 기뻐했다. 이 생명들을 또다시 불안하게 하고 싶지 않은 마음이 느껴졌다. 그래서 생명공감은 빈번히 후원 요청을 할 수밖에 없었다. 설립한 때부터 현재까지 후원금 전액을 모두 구조 활동에 썼다.

생명공감은 앱으로 강아지 보호소 돌봄 봉사원을 모집했다. 참가자 나이는 20대 중후반에서 30대가 주었다. 내가 간 날은 겨울치고 따뜻했다. 10명 약간 안 되는 사람들이 3호선 대화역 인근에 모였다. 봉사자 차를 얻어 타고 보호소로 들어갔다. 문을 열고 들어가서 또 문을 열고 들어가야 했다. 강아지 안전을 고려해 보호소에는 문이 많았다. 정문으로 들어가면 마당으로 들어가는 문이 있다. 이 문으로 들어가면 마당이 나오고 견사가 자리한 동이 두 개 있었다. 한 동에는 50마리 정도 되는 강아지가 머무는 견사가 있었다. 견사에도 당연히 문이 있다. 봉사자들은 성별을 나눠 한 동씩 따로 모여 각자 방진복을 입었다. 쿠팡에서 4000원에 판다고 했다. 강아지 털과 먼지가 묻기 때문에 입는다고 했다. 처음 온 나 같은 사람은 보통 안 가져온다고 했다. 옷을 갈아입고 모두 마당에 모였다. 각자 할 일을 나눴다.

나는 입고 온 복장 그대로 봉사를 시작했다. 견사 크기는 조금씩 다르지만 정사각형 모양이었고, 한 변은 내 뻗은 양팔 길이보다 짧았다. 나무로 된 바닥에는 톱밥이 깔려 있다. 물그릇과 밥그릇이 있다. 내 첫 임무는 청소였는데, 주의 사항은 두 가지였다. 문 잘 닫기, '스태프 온리' 견사는 들어가지 않기. 문을 잘 닫아야 하는 이유는 강아지가 나오기 때문이고, 스태프 온리 견사에 들어가지 말아야 하는 이유는 무는 강아지나 특별한 돌봄이 필요한 강아지가 있기 때문이었다. 견사 문을 열고 문틈을 몸으로 가리면서 들어가야 했고, 나올 때는 뒷걸음질을 쳤다. 청소는 톱밥 위에 있는 똥과 오줌을 치우는 일이었다. 똥은 스크래퍼로 긁고 오줌은 젖은 톱밥을 빗자루로 쓰레받기에 담아서 버린다. 빗자루로 견사를 정리하면 끝이다.

똥과 오줌과 톱밥과 털은 구분하기 어려웠다. 내 바지는 개털과 톱밥투성이였다. 강아지들은 내 몸 냄새를 맡았고, 나는 다가오는 강아지들만 만졌다. 내 몸과 강아지의 몸은 이렇게 엮었다. 나는 덩어리를 치웠다. 어떤 강아지는 나를 반겼고, 나를 핥았다. 내 생살에 닿는 강아지 혀는 차가웠다. 어떤 강아지들은 나를 피했다. 강아지를 이해하지 못하는 내가 봐도 겁먹은 눈치였다. 그렇게 다른 봉사자들하고 힘을 합쳐 견사를 모두 청소했다. 내가 청소할 때 다른 봉사자는 물그릇과 밥그릇을 닦았다. 어떤 봉사자는 밥그릇에 사료를 담았고, 몇몇은 견사와 견사 사이에 흩어진 톱밥을 정리했다. 인간보다 강아지가 더 많은 곳에서 인간이 강아지를 위해 일했다. 청소가 마무리돼 잠깐 쉬었다. 나는 디스크에 더해 무릎 통증까지 있는 사람이라 부상을 조심한다. 그렇지만 견사를 청소할 때는 허리를 구부리고 무릎을 쪼그릴 수밖에 없었다. 생활자인 강아지 몸에 맞는 공간이기 때문이었다. 강아지 눈높이와 몸높이는 인간하고 달랐다. 견사 청소는 매일 한다. 주말에만 봉사자들이 돕는다. 매일 견사를 청소하는 매니저들이 보낼 일과를 상상했다. 강아지들도 매일 똥을 싸고 매일 오줌을 싼다. 생명을 돌보는 일상은 수동으로 돌아갔다.

다음 돌봄은 강아지들에게 영양 사료를 배식하는 일이었다. 사료는 사각형에 말랑한 통조림 햄 모양이었다.

깡통을 뜯어 숟가락으로 자른 다음 반만 떠서 강아지에게 주는 간단한 일이었다. 어떤 강아지는 숟가락 위에 올린 사료를 바로 먹었지만, 어떤 강아지는 피했다. 이럴 때는 견사 문을 열고 들어가 놓고 나오거나 마른 사료 위에 두면 끝이었다. 내가 자리를 뜨자마자 사료를 먹는 강아지들도 있었다. 당뇨가 있는 강아지에게는 주지 않았다.

이 보호소에는 강아지들이 많았다. 입양을 기다리는 중이었다. 입양이 안 돼서 오래 함께 있기도 하고, 죽은 강아지도 있었다. 크기는 제각각이지만 중대형견이 눈에 잘 띄었다. 내가 유일하게 아는 견종인 사모예드도 있었다. 모든 활동이 끝나고 운동 시간이 됐다. 몸집이 비슷한 강아지들끼리 놀라고 풀어놓는 듯했다. 한 무리가 놀다 들어가면 다른 무리가 나왔다. 강아지들은 마당으로 달려 나와서 열심히 뛰어논다. 활기찬 강아지들을 보니 나도 신났다. 강아지들은 서 있는 내게 덤벼들거나 앉아 있는 인간을 넘나들었다. 강아지들은 함께 뛰어다닐 뿐 아니라 물지 않으면서 공격하거나 핥았다. 목줄은 없었다. 이곳에서는 인간과 강아지라는 위계가 다르게 재생되고 있었다. 봉사자들은 핥아대고 덤벼드는 강아지들하고 뒤엉켰다. 처음 본 나를 졸졸 따라다니는 대형견도 있었다.

나는 반려동물이라는 개념에 조금은 부정적이다. 인

간에게나 반려이지 동물이나 강아지에게도 반려일까? 이
곳에서는 강아지들끼리 뛰어다녔다. 강아지들에게는 강아
지 친구가 필요하다고 생각했다. 강아지들은 사회성이나
친밀함을 동네 산책 중에 목줄 차고 만나는 강아지가 아
니라 다종다양한 강아지들하고 뛰놀며 쌓아야 하지 않을
까? 나는 유기견 보호소를 탈출한 강아지들이 모여서 도
시를 점거하고 인간에게 복수하는 영화 〈화이트 갓〉을 떠
올렸다. 급진적인 내용만큼이나 강아지 '떼 샷'은 무언의
감동을 줬다. 나는 동물을 '소유'하는 행위가 윤리적인 일
인지 판단하기 어렵다. 강아지를 귀여워하는 모습에서도
거리감을 느꼈다. 강아지는 정말 무해하고 귀여울까? 나
는 귀여움이 강자가 약자에게 느끼는 권력이라고 생각하
지만, 내가 이해하지 못한 맥락이 있을지도 모른다. 봉사
가 끝났고, 기념사진을 찍은 뒤 마무리했다.

　의외로 초등학교에서도 동물을 돌보는 일을 가르친다.
5학년과 6학년이 배우는 실과 과목에 동물을 주제로 한
단원이 있다. 반려동물, 농장 동물, 전시 동물도 소재로 등
장한다. 그렇지만 학교 여건 때문에 실제로 동물을 기르
기는 쉽지 않다. 내가 초등학교에 다닌 시절에는 학교에
토끼 사육장이 있었지만, 지금은 배추흰나비나 달팽이를
잠깐 키우는 정도다. 실과 교과서에는 얼마나 많은 반려

견이 버려지고 있는지, 지자체 보호소 유기견이 열흘 뒤에 어디로 가는지는 나오지 않았다. 대신 건강한 새 고르기와 먹이 주기, 건강한 거북이 고르기와 물 관리하기, 건강한 장수풍뎅이 고르기와 장수풍뎅이가 무엇을 먹는지가 나온다. 사실 건강한 동물 고르기도 고심할 주제다. 장애견이나 노견도 있기 때문이다. 인간은 건강한 동물만 선택해야 할까?

직접 보니 강아지의 일상을 돌보는 일은 여러 인간이 하는 고생에 더해 많은 자원이 필요했다. 내가 배급한 습식 영양 사료는 한 통에 2000원이 넘었다. 생명공감 인터넷 카페에는 사료 후원 요청 글도 있고 사료 기부 인증 글도 보였다. 사료비뿐 아니라 시설 임대료, 관리비, 의료비, 폐기물 처리 비용을 고려할 때 강아지 돌보기는 인간의 몸만으로 할 수 있는 일은 아니었다.

비용과 돌봄과 부양은 복합적인 어려움을 불러왔지만, 생명공감은 온 힘을 다해 강아지들을 살폈다. 다행스럽게도 강아지 보호소 돌봄 봉사는 인기 있는 프로그램이었다. 겨울에도 매주 열 명 이상은 참여하는 듯했다. 강아지들을 돌보고 부양하느라 많은 사람이 애쓰고 있었다. 남몰래 죽음을 맞이하는 강아지들 반대편에서 강아지들을 죽지 않게 하려고 매일 돌보고 애쓰는 사람들이 있었다. 생명공감은 '작은' 단체이지만, 사람들이 하는 돌봄은 절대 작지 않았다.

에필로그

~~~~~

다른 사람의 말을 글로 쓰는 일은 무서웠다. 시작은 용감하게 했지만, 글은 쓸수록 겁을 줬다. 내가 쓴 표현은 의견이 아니라 사실로 받아들여질 수 있기 때문이었다. 내가 쓸 수 있는 표현이 무엇인지 깊이 고민했다. 그래서 처음에는 내 이야기를 많이 썼다. '나는'으로 시작하고 '생각했다'로 끝나는 문장이 많았다. 할 말이 많기 때문이었다. 그렇지만 모두 지우고 다시 썼다. 일화가 아니라 의견과 의식이 필요했다.

그동안 활자를 많이 읽었다. 내 삶을 이해하려 읽었고, 재미로 읽었다. 책은 세상을 다르게 보여줬다. 다른 세상을 상상할 수 있었다. 반대로 책을 쓸 때는 책을 쓰는 사람이 느끼는 중압감을 떠올렸다. 문장을 쓰는 일은 살얼음판 걷기 같았다. 그런데도 내가 여러 사람을 만나고 글을 쓴 이유는 언어가 궁금하기 때문이었다.

초등학생 때 우리집은 가난했고, 빌라 반지하에 살았다. 반지하에서는 사람들 발이 보였다. 아파트에 사는 친구들은 뷰나 엘리베이터 속도를 이야기했다. 이때 언어가 다르다는 사실을 알았다. 가난을 다르게 이해하는 책 《사당동 더하기 25》에는 사당동에 사는 가난한 가족이 나온다. 이 책에는 한국어 사용자끼리 서로 말을 못 알아듣는 상황이 자주 등장한다. '지금 일자리를 잃으면 사흘을 놀아야 한다'는 말을 연구자는 '3개월은 놀아야 한다'로 들었다. 듣는 이에게 실직이란 석 달은 놀게 하는 경험이지만 빈곤 계층에게는 '놀면 안 되는' 날이 사흘이었다. 연구자는 집 앞에서 찍은 가족사진이 왜 없는지 물었다. 질문을 들은 사람은 가난하게 산 경험은 기념이 될 일이 아니어서 사진을 안 찍었다고 답했다. 언어 차이와 경험 차이는 내가 아는 세상이 다일 수는 없다는 이야기를 했다.

대신 전하고 대신 쓰면서 가야트리 스피박이 쓴 글을 떠올렸다. 대신하는 일이 정치와 윤리의 핵심 논제라는 점을 스피박은 난해한 글쓰기로 입증했다. 그런데도 나는 누군가가 이 책에서 세상을 변화시킬 구체적 자원을 찾기를 바라는 마음으로 썼다. 세상은 특출한 정치인이 아니라 평범한 시민이 변화시킨다. 일상의 달라진 언어와 인식이 변화의 시작이다. 나는 이 책이 돌봄, 교육, 몸을 다르게 생각하는 데 조금이라도 도움이 된다면 족한다.